识破谎言

启文　编著

民主与建设出版社
·北京·

图书在版编目（CIP）数据

识破谎言 / 启文编著 . -- 北京 : 民主与建设出版社，2025.3. -- ISBN 978-7-5139-4869-2

Ⅰ. C912.69

中国国家版本馆 CIP 数据核字第 20254CS761 号

识破谎言

SHIPO HUANGYAN

编　　著　启　文
责任编辑　韩增标　王宇瀚
封面设计　袁　芳
出版发行　民主与建设出版社有限责任公司
电　　话　（010）59417749　59419778
社　　址　北京市朝阳区宏泰东街远洋万和南区伍号公馆 4 层
邮　　编　100102
印　　刷　金世嘉元（唐山）印务有限公司
版　　次　2025 年 3 月第 1 版
印　　次　2025 年 3 月第 1 次印刷
开　　本　710 毫米 ×1000 毫米　1/16
印　　张　12
字　　数　160 千字
书　　号　ISBN 978-7-5139-4869-2
定　　价　48.00 元

注：如有印、装质量问题，请与出版社联系。

PREFACE

| 前言 |

有这样一个寓言故事。在很久以前，“谎言”和“真相”同在河边洗澡，“谎言”先洗完，却故意穿了“真相”的衣服离开，“真相”洗好后找不到自己的衣服，也不肯穿“谎言”的衣服，只好躲在河边的草丛中，通过不断扔小石头、小木棍，提醒路过的人自己还等在河边。在现实生活中，如果你觉得自己很少遭遇谎言，那可能是因为多数情况下你还被蒙在鼓里。美国心理学家兼研究员罗伯特·费尔德曼的一项研究表明，无论以任何方式遇见任何人的前十分钟内，我们至少会说三次谎。当然，其中绝大多数属于善意的谎言和无关紧要的中性谎言。

但是，每天你所听到的谎言中，总有几条是你期望从中得知真相的。你要依据这些真相去做出一些决定，这些决定会影响到你的家人、朋友、商业合作伙伴和你自己的生活及未来。所以，你希望给你提供信息的人是诚实可信的，并把你的利害得失谨记在心。但实际上，总有一些人对你不真诚，总有一些人根本不把你的利害得失放在心上，总有一些人试图要甚至一直在误导你、欺骗你，隐瞒信息，回避实情。当你做出了一个重大的抉择，抑或是一个普通的日常决定，后来却发现你的决定是建立在一个错误的或误导的信息之上，这样的代价你是否都能承受得起？商家的忽悠可能会让你被狠狠地“割韭菜”，婚恋中的欺瞒可能让你白白浪费了大好青春，诈骗犯的一则谎言更是可能会让一个家庭人财两空，欲哭无泪。如果你没有察觉这类谎言，那么就会像是行驶在公路上而没有察觉到前面流沙警告的标志一样危险。

请不要高估自己识破谎言的能力，一个普通成年人能够正确分辨真实与谎言的概率只有 54%，这仅仅比随便乱猜的概率高一点。即使是司法调查者，其识谎水平比普通人也高不了多少。也不要低估环境的险恶，有可能正如电影《孤注一掷》里面的台词所言："你目前还没被骗，并不是因为你聪明，也不是因为你没钱，而是适合你的'剧本'还在路上，只等一个时机。"正所谓，害人之心不可有，防人之心不可无。因此，在人际交往中，我们必须学习和掌握一些识破谎言的知识，以促进我们在需要的时候快速分辨出哪些是谎言、哪些是真话，避免上当。

本书具有广泛实际的应用价值，全书分为 8 章，分别探讨谎言的不同方面。从谎言的定义到说谎的动机，从识破谎言的方法介绍到防止被骗的套路分析，从说谎者的情绪到说谎者的认知再到说谎者的行为控制，从说谎者的表情线索到身体姿态再到言语破绽，从被动观察说谎者的言谈举止到主动出击增加说谎者的思想压力等，向你揭示说谎的所有特征，帮你捕捉谎言的蛛丝马迹。本书以翔实的案例、生动的描述，使谎言大白于天下。当然，本书并不是教你在人际交往中如何断定你听到的每一句话是真还是假。没必要对每一句话的真伪都去探个究竟，也无须对和你在一起的每个人都实施测谎，毕竟不是每个谎言都是邪恶的。希望你可以把本书放在手边，时常温习其中的策略和技巧，更轻松地掌控工作及生活。

CONTENTS

|目录|

第七章 | CHAPTER 7 |

洞察谎言套路

第八章 | CHAPTER 8 |

坚持六条原则

第一章 | CHAPTER 1 |

什么是说谎

在探讨识破谎言之前，我们必须回答一个问题——究竟什么是说谎？假装、扮演、隐藏、掩饰、篡改、装扮、虚构、作弊、伪造、欺骗……这些我们经常挂在嘴边的词语看上去都像是说谎的近义词，与说谎有某种相似性，但它们跟心理学上研究的说谎还存在本质的不同。到底什么是说谎？读完这章，相信你会得出自己的回答。

◎ 说假话不一定是说谎

你问一个人，什么是说谎，他可能会告诉你，说谎就是说假话。假话肯定是与事实不符的话，与事实不符，那自然是谎言了，那说假话自然也就是说谎。乍听起来，这样的回答没有问题。但实际上，谎言和假话并不完全一样，说假话并不一定是说谎。为了说明这个问题，请阅读下面这段对话。

女儿：妈妈，能稍等一下再做饭吗？我有道题不会做。

妈妈：你说吧，宝贝儿。

女儿：四大名著的作者都是谁呀？我只知道《红楼梦》是曹雪芹写的。

妈妈：噢，另外三本我想一想啊……《西游记》的作者是罗贯中，《三国演义》的作者叫吴……承……恩。对，就是吴承恩！《水浒传》的作者是施耐庵。妈妈最爱读的就是《水浒传》，百看不厌！

女儿：知道了。谢谢妈妈。那你知道潘金莲是哪本书里的人物吗？她是做什么的？

妈妈：啊……为什么问这个呀？

女儿：今天有同学讲四大名著时提到了她，但我忘了她说的是哪本书。

妈妈：这个我也不知道。我要做饭了，你快去写作业吧。

女儿：好吧，我这就去。

不难发现，在上述对话中，妈妈在回答四大名著的作者是谁时，把《三国演义》和《西游记》的作者弄混了，向女儿传达了虚假的信息。当然，你可以说她的话不符合事实，是假话。但是，你能说她的话是谎言吗，她在说谎吗？

很明显，妈妈在这个问题上不是有意要误导女儿，而是因为妈妈的记忆出现了差错，才无意中向女儿传递了虚假的信息。要知道，某人因记不起某件事情或者其记忆被污染，以至于不能做出准确描述，这时他并没有说谎，只不过是犯了杰拉德 · R. 米勒所说的“诚实的错误”。因而虚假信息的传递既可以有意为之，也可以无意为之，还需要确定传递者的意图才能判断其是否说谎。所以，妈妈虽然说了假话，但并没有说谎。

这就引出了说谎的一个重要特征——有意性，即说谎是个体有意为之的行为，是明明知道自己要说的话是虚假的还有意去说。在这个例子中，如果妈妈清清楚楚知道《西游记》的作者是吴承恩，《三国演义》的作者是罗贯中，而故意张冠李戴，误导女儿，那么妈妈就算是说谎了。

说到这里，细心的读者不难发现，实际上妈妈在上述对话中确实有说谎，只是不是在这个问题上，而是在回答女儿关于潘金莲的提问时。女儿问妈妈潘金莲是哪本书里的人物，她是做什么的，熟读《水浒传》的妈妈，不可能不知道潘金莲是谁，但是可能觉得不宜跟年幼的女儿谈论这个人物，于是，妈妈明明知道却说不知道，用谎言敷衍过去了。在这里，我们先不去讨论妈妈的做法是否合适，但是从她有意不讲真话来看，她确实在说谎，即使她的出发点是好的。

最后，我们可以得出这样的结论：假话不一定是谎言，说谎必须具备有意性。

◎ 自我欺骗是说谎吗？

我们已经知道了有意性是说谎的一个特征，那如果一个人既是骗子也是受骗者，换句话说就是一个人自我欺骗，这样算是说谎吗？听到这个问题，你可能首先会问：有这样的人吗？那你不妨先读读下面这个寓言故事。

一个很热的夏天，一只狐狸又饿又渴。它偷偷地跑进果园，走到葡萄架底下。看见一串串成熟的葡萄倒挂着，它高兴极了，自言自语地说：“葡萄真好吃呢，又甜又解渴，我要吃一些。”

狐狸退后几步，用力一蹦，可是架子太高，它够不着。它歇了一会儿，鼓足力量，再一蹦，还是够不着。这样试了好几回，它知道吃不着葡萄了，就掀起鼻子，自言自语地说：“这葡萄一定是酸的，让馋嘴的麻雀去吃吧。”

狐狸吃不到葡萄就说葡萄是酸的，这不是自我欺骗吗？

童话故事《皇帝的新装》中那个爱慕虚荣、昏庸无能的皇帝也是自我欺骗者。当所有百姓指出“他实在没穿什么衣服”的时候，皇帝虽然觉得百姓们说的话是真的，但为了个人脸面，更要装出一副高傲的样子，让游行大典继续，从而成了世人的笑柄。

再比如，在许多影视作品中，处于热恋期的少男少女们似乎失去了理性思考的能力，张口闭口都是对方的好，只看到了自己的伴侣令人爱怜的一面，看不到对方身上明显的缺点，欺骗自己与并不合适的对象保持亲密的关系，对周围人的善意提醒也是充耳不闻，甚至还冷嘲热讽。与之相反，当一个人极度憎恨另一个人时，即使对方并不坏，他也可能会说服自己，认为对方是一个十恶不赦的坏蛋。这样的人同样属于自我欺骗者。

上面所举的自我欺骗者都来自文艺作品，但艺术来源于生活，存在于众多文艺作品中的自我欺骗者在现实生活中都能找到原型。比如，你可能会经常听到同一个人这样说：“我今天会很享受这块巧克力蛋糕，因为我从明天起要开始控制饮食。”一个初次登台的演讲者对自己打气：“我是最棒的演说家！观众一定会被我的风采迷倒！”在更宏大的层面上，有的企业家曾说服自己，他轻率的计划是一个真正伟大的想法。

总之，现实生活中，自我欺骗者比比皆是。甚至一位学者给出这样的结论：“所有人都会自我欺骗。”好了，既然确实存在众多自我欺骗者，那么我们回到开始提出的问题——自我欺骗是说谎吗？

实际上，研究者对于这个问题并没有给出一致的答案。有的认为自我欺骗是说谎，有的认为自我欺骗不是说谎。这两种观点的差异就在于，对于自我欺骗者来说，与自身利益不相符的信息究竟是被无意识地压抑了，还是根本没有被收集。曾经风靡一时的美剧《别对我说谎》（Lie to Me）中的主人公原型、较早研究说谎的美国加州大学旧金山分校心理学家保罗·埃克曼就认为自我欺骗者是无意识地压抑了真实信息，但没有说谎的意图，“所言非实自己却不知道，算是自欺的受害者”，所以自我欺骗不是说谎。当然，并不是所有研究者都认同这种说法。但是，在这里我们就不做过多讨论了。提出这个问题，只是希望读者能够对说谎的有意性有更深刻的认识和理解。同时，向读者表明，本书采用保罗·埃克曼的观点，不将自我欺骗视为说谎。

◎ 变魔术是说谎吗?

说谎必须具备有意性，那有人会问，在魔术表演中，有意误导观众的魔术师是在说谎吗？要回答这个问题，不妨先说一下我们比较熟悉的魔术师刘谦。

刘谦是一位来自中国台湾的魔术师，以其精湛的魔术技艺和独特的艺术风格而享誉全球。他曾数登央视春晚，其众多精彩表演已成为许多观众心中的经典。“接下来，就是见证奇迹的时刻”是刘谦标志性的台词。舞台上的他诙谐、幽默，能“化腐朽为神奇”。在魔术《魔手神彩》中，他声称可以把手上的硬币瞬间移动到桌上的玻璃杯中；在《魔壶》中，他表示可以将矿泉水一下子变成一杯葡萄酒；在《幻镜》中，他说自己可以用手中的吸管喝完杯中的咖啡，但不是要从桌上的咖啡杯中去喝，而是通过镜子喝到杯中的咖啡……种种不可思议的现象在他的魔术表演中发生，让无数观众见证了奇迹，深受震撼，大呼过瘾。

实际上，我们都知道，魔术是一种表演假象的艺术，魔术师表演的那些现象，都是虚幻的、假的，刘谦肯定也没有他自己说的那样神通广大。那么，我们能说刘谦是在说谎吗？如果你的孩子或者弟弟妹妹，指着电视上的刘谦说：“他肯定是在撒谎，我才不信呢！”你要怎样解释呢?

保罗·埃克曼认为说谎还需要具备无预警性，即说谎对象并未要求被误导，说谎者也未事先告知，让对方有心理准备。按照保罗·埃克曼的说法，我们可以得出这样的结论：变魔术不是说谎。因为，魔术表演的观众期待并享受魔术带来的惊喜，他们是知道并乐于“被骗”的，他们对于“被骗”是有预警的。

同样的，我们也不能说演员在说谎，因为观众是同意甚至期待“被骗”的，至少入戏时是如此。但是如果没有声明这是演出时的一个角色，在日常生活中，演员是不能像反面人物一样为所欲为的。

再比如，你的投资顾问向你坦诚，自己将要描绘的投资前景很诱人，但都是虚假的，还是别信为好；你的儿子向你预警，说他会把考试得的C涂改成A，希望你别上当；你在同事聚会时告诉大家，自己爱面子，喜欢自吹自擂，一些话不要太认真……那么即使这些人后来的确所言不实、据实不报，也都不能算是说谎了。

当然，现实生活中，可没有这么多预警，真实的情况可能是：你刚刚被投资顾问忽悠着买了一份理财保险，心里正犹豫要不要退保，儿子拿着一份被涂改后的成绩单兴冲冲地向你报喜，望子成龙的你立马喜笑颜开，虽然过后看出有点不对劲，但在虚荣心的驱使下还是忍不住去朋友圈炫耀一番。

◎ 强颜欢笑是说谎吗？

一个人强颜欢笑算是说谎吗？心里明明不畅快，但脸上还装出开心的样子。再说得宽泛些，当一个人传递的虚假信息不是一件具体的事情，而是他本人的情绪时，这算是说谎吗？东晋的谢安就是这样做的。

当晋军在淝水之战中大败前秦的捷报送到时，作为晋军总指挥的谢安正在与客人下棋。谢安览过战报，默然无语，随手一放，书笺轻轻落在坐榻边。接着他又慢慢转向棋局，继续对弈。客人见谢安了无喜色，围棋如故，实在按捺不住，焦急问道："可是前线军报？战事如何？"谢安漫不经心，徐徐回答："没什么，孩子们已经打败敌人了。"

谢安给客人展示的是他的沉着冷静、镇定自若，好像他的情绪并没有因为这场胜利而引起波动，但实际上，"棋局刚终，谢安还内，过户限，心喜甚，不觉屐齿之折"。这是《晋书·谢安传》的描述。什么意思呢？就是说谢安在棋终客走之后，抑制不住内心的喜悦，舞跃入室，过门槛时，把木屐底上的屐齿都碰断了，也没有觉察到。这个"屐齿之折"的细节足够让我们意识到，在谢安故作镇定的外表下，究竟深潜着怎样的欣喜若狂。

谢安掩饰自己的情绪到底有什么意图呢？要知道，此次战役关乎东晋的生死存亡。区区 8 万晋军，要对抗前秦近 30 万的兵力。实力悬殊，人心不稳。作为军事统帅，谢安在备战的同时，更是通过郊游、对弈、打赌、玩乐，有意示人以风度，好起到稳定局面的作用。最终，谢安及东晋赢得了彪炳千古的伟大胜利。

那么，问题来了，谢安有意对外传递虚假的情绪，好给人镇定从容的印象，以达到稳定人心的目的，这算不算说谎呢？这的确是在说谎。要知道，说谎者传递的信息，既可以是看到的或知道的事实，也可以是自身的情绪状态。根据信息的这种属性，还可以将谎言划分为事实性谎言和情绪性谎言。前者违反客观事实，例如酒驾者否认自己的喝酒行为；而后者则违反个体情绪体验，例如开始提到的"强颜欢笑"、谢安的"故作镇定"，还有明明只有一点惊讶却表现得非常惊讶等。

情绪性谎言可以单独存在，比如，故事中的谢安，就说了一句敌军被打败了，所言确是事实。说他说谎，只是因为他传递了自己虚假的情绪状态。另外，情绪性谎言也常常伴随事实性谎言出现。原因在于，说谎者可能会担心谎言被识破而产生害怕情绪，也可能因为说谎而产生内疚情绪，还可能因成功误导他人而产生兴奋和快乐情绪，而掩饰这种情绪就得靠情绪性谎言。比如，姐姐想通过说谎去捉弄弟弟，眼见弟弟要上当了，心中不免一阵窃喜，本想乐出声来，但害怕弟弟发现后有所警觉，导致计划失败，于是故作镇静，表现得一切如常。不出所料，弟弟果然上当，被香蕉皮滑倒，大哭起来。姐姐见目的达到，本想笑出声来，可是听到房间里妈妈大喊“怎么啦”，立马整衣敛容，掩饰自己。妈妈出来，问发生了什么事情，姐姐怕说出实情被妈妈责怪，于是谎称什么也不知道，还假惺惺地扶起弟弟，关心地问疼不疼。由此可见，情绪性谎言在生活中也是很常见的，它与事实性谎言常常相伴而生，二者界限并不那么清晰。

◎ 说谎必须借助言语吗？

孩子贪玩没写作业，你问他完成作业没有，他却面带微笑一个劲儿地点头。你觉得这是说谎吗？虽然没有一言一语，但是孩子通过他的表情、动作，试图将虚假的信息传递给你，误导你相信他完成了作业。无论他的目的有没有达到，这都算说谎。换句话说，说谎不但可以通过字词语句、腔调口吻等言语形式，还可以通过眼神表情、手势动作等非言语形式。只要这种非言语形式能够传递特定的信息，足够让人明白它代表的意义就可以。

拿表情来说，“眉飞色舞”就代表高兴，“泪眼愁眉”就代表悲伤，“怒目圆睁”就代表愤怒，“目瞪口呆”就代表惊讶，“惊恐失色”就代表害怕，“一脸轻蔑”就代表看不起别人。一个人通过表情就可以将自己想传达的信息传递给对方。拿动作来说，日常生活中，点头就表示肯定，摇头就表示否定，搓手表示焦虑不安，挥手表示打招呼或者再见，顿足表示生气恼怒。如果你熟知一个人特定动作的意义，那么也可以轻松理解他传递的信息。比如，对于美国总统特朗普的粉丝来说，特朗普常常在演讲中使用的“精确的握”就表示强调。这个动作的特别之处在于，它看起来与表示“OK”的动作手势十分相似。在表达意义上，与“用食指指向”这一动作相同，但是更加积极、更加柔和。但是，作为特朗普的粉丝，他们很清楚特朗普这个动作的意义。总之，表情、动作等这些非言语形式可以单独表示某种意义，传达某种信息、感情或态度。也就是说，欺骗性信息可以单独通过非言语的方式进行传递，说谎不一定借助言语。

实际上，说谎时，一个人的表情、动作、姿势常常是和他说的话结合在一起使用的，它们相互解释、相互支持、相互配合，才使信息接收者更容易被说服、被误导。以表情为例，当销售员像嘴上抹了蜜一样地恭维你优雅大方、美丽动人时，总不会摆出一副“惊恐失色”的表情吧；当一个罪犯被警察指控盗窃时，他嘴上说“钱不是我偷的”时，脸上的表情肯定也不能是“眉飞色舞”。而要论谁是将表情和语言完美结合的“贼王”，那自然会让人想起1871年出生于罗马尼亚的玛诺列斯库。他以“盗侯”的封号闻名江湖，凭借着炉火纯青的诈骗技巧，一生得手的赃物不计其数。在出道之前，他一直窝在巴黎的一间破公寓里，对着镜子不断练习。他曾说:“我之所以能够纵横江湖，最该感谢的莫过于这面镜子。在我决定以骗贼的身份行走江湖之前，这面镜子对我来说犹如吃喝拉撒那样不可或缺。而在我决定要改过自新之后，便把对它的热爱深深埋藏心底。它曾经帮助我清楚认识，在什么情况下，我的脸部应该合理地带有什么样的表情，而我又该如何在适当的时机相应地做出改变，用另一种表情取代原本的表情。为了达到这些目标，在前往卢浮宫、乐蓬马歇百货或春天百货之前，我会拉张椅子坐在镜子前面，发挥想象力假设各种状况。例如，当我踏进百货公司想要窃取某样东西时，我必须带着何种表情最恰当。我会先找到一个最适合的表情，接着不断进行修改，直至呈现出最佳状态。然后我会暂时将它搁下，转而练习偷窃技巧。如此反复为之，一直到跟特定目的相应的每一种表情面具都烙印在我脑海里为止。”引用“贼王”的“偷盗秘籍”，肯定不是要教读者盗窃和欺诈，只是想证明一件事：表情的恰当运用对于说谎者来说，至关重要。

除了表情，其他的非言语形式也是同样的道理。这里不再一一举例。总之，言语和非言语二者完美地结合在一起，才是说谎者希望达到的理想效果。从这个角度来看，说谎实际是一种表演，而不仅仅是简单地通过言语或非言语去传递信息。

◎ 说真话就一定不是在说谎吗?

我们都知道，有意伪造或篡改事实，肯定是说谎的一种方式。例如罪犯否认自己犯下的罪行；商家夸大所售产品的功效；明明看见是 A 先动的手，却向人证明说是 B 先动手打 A 的。那如果一个人所言都是事实，既没有无中生有地伪造事实，也没有对事实进行添枝加叶、随意篡改，那就一定不是在说谎吗？换句话说，说真话就一定不是在说谎吗？为了解答这个问题，我们先来读一篇故事。

一个旅行者开车穿过乡村去旅游，他在一个小镇停下来吃午饭。他走进一个四方的庭院，看到一个老农夫正坐在椅子上看报纸。他旁边有一只长得很奇怪的狗。旅行者走过去，在农夫身边坐下来，想和他套近乎聊聊天。那个农夫对陌生人很警惕，对旅行者的问题只做了简短回答。“哎呀！这只狗长得真有趣啊！”来自城市的那个油腔滑调的人说。“我小时候就有一条这样的狗。”老农夫没有说话只是点了点头。“它好像对我很友好。”那个人继续说。农夫只是点头。“您的狗咬人吗？”那个人问。“不。”农夫回答。“我摸一下您的狗，您介意吗？”“不。”农夫回答。旅行者便伸出手去摸。那只狗大叫一声，咬住陌生人的手，这个可怜人的手掉了一大块肉。他又惊又疼，对老农夫大喊：“你不是告诉我你的狗不咬人吗？！”“我的狗是不咬人。”老农夫回答道。“好，那你看看你的狗干了些什么！”受伤的旅行者大叫。“这不是我的狗。”老农夫淡淡地一笑了之。

在这个故事中，农夫从始至终都在讲真话，但是他刻意漏掉了一条重要信息——这条狗并不是他自己的狗。而旅行者被农夫误导，以为这条狗就是农夫的，而且也不咬人，直到自己被狗咬了，才被告知这条狗不是农夫的。农夫不告诉旅行者全部的事实，只告诉旅行者自己希望他知道的部分事实，通过这种方式有意误导旅行者产生一种想法或采取一种行动，好让事情沿着自己希望看到的方向发展，以达到自己的目的。那农夫的行为算不算说谎呢？

这就不得不提说谎的另一种方式了——隐瞒。隐瞒是指说话人直接隐瞒整个事实不报，或者隐瞒大部分事实，或者通过粗略说明的方式，还有的是通过刻意避开或遗漏某些细节的方式，对事实或心中真实的想法、感受有所保留，从而误导别人。相对于伪造、篡改事实这种直接式的说谎，它是一种间接性的谎言。但是它同样是说谎者有意识的行为，而且和捏造、篡改事实一样，对听话人有误导的作用。故事中的农夫正是如此，虽然他说的是真话，但是他通过刻意漏掉了一些事实，误导了旅行者，所以说他是在说谎。

再比如，丈夫在电话中对妻子说他今天得加班，所以不得不快速吃完晚饭，然后继续工作。如果他是跟情人在对方的公寓吃晚饭，然后再回到办公室工作，那他说的也是真话。他只是隐瞒了最重要的部分，即与他一起吃晚饭的对象。作为丈夫，他隐瞒了自己不该隐瞒的内容，所以他就是在有意误导妻子，就是在说谎。

现实生活中，或许没有人会否认伪造或篡改事实是说谎，但很多人并不认为隐瞒也算是一种谎言。他们可能觉得隐瞒并没有什么大问题，不会造成什么严重后果，不应该算是说谎。事实是这样吗？

首先需要说明一点，一种行为算不算说谎，跟它是否造成严重的后果没有关系，跟它是否伤害到别人也没有关系。所以不能以隐瞒不会造成严重后果为由，就认为隐瞒不是说谎。虽然大众对隐瞒的接受程度远大于捏造事实，但从两者的性质和产生的结果来看，其实并无太大的区别，隐瞒也可能造成严重后果。

故事中的农夫不就是现成的例子吗？他的行为，造成旅行者的手被狗咬伤。偷情的丈夫通过隐瞒，为自己的出轨行为找到了屏障，将妻子蒙在鼓里。同性恋者有时为了避免世俗压力，选择隐瞒性取向而骗婚。

隐瞒造成的后果可以是很严重的。因此不要轻视这种说谎的方式。而且隐瞒要远比捏造事实这类直接式的说谎更隐蔽、更难察觉。因为它是在讲真话的基础上实现的，但你听到的真话又是被说谎者巧妙地过滤掉对他不利的或可能让你不喜欢的某些实情或过程之后的真话。这也难怪隐瞒又被称作“隐蔽性谎言”了。设想你是故事中的旅行者，你是否会被农夫的奸计所伤？当你面对开发商资金链断裂，所购房屋迟迟不能交付，向开发商讨要说法时，是否遇到这类说辞——本公司所有资金全部用到了这个开发项目，没有挪作他用。但实际上，一期的资金被挪用到了二期，二期的资金又挪到了三期，不管哪一期都属于这个开发项目，开发商说的是真话，但你就是被骗了。

总之，说真话不见得就不是说谎，隐瞒也是说谎的一种方式，而且这种方式更隐蔽，也可能产生严重的后果，需要引起我们的重视。

最后，需要补充的一点就是，保密跟隐瞒是有所区别的，不能将保密也看作说谎。保密与隐瞒之间，区别的关键在于是否表明了不愿意透露信息的态度，如果表明了不愿透露，那就算保密。所谓秘密，是指我们有权不透露，以保持其私密性的某些信息。秘密可以只属于一个人，也可以是两人或多人之间的事，彼此间有共识，不为外人所知。举例来说，女儿问我给她准备的生日礼物是不是她一直想要的音乐盒，我回答说：“这是秘密，先不告诉你。”那这就不算隐瞒，就是保密。再假设，我之前答应过女儿准备了生日礼物要让她知道是什么，如果我已经准备好了，却有意不跟她讲，那这就算是隐瞒了，更不必说女儿后来又问我，我再以保密为借口拒绝透露。

◎ 没有履行承诺一定是说谎吗？

没有履行承诺不一定是在说谎。

没有履行承诺和说谎是两个不同的概念，尽管它们在某些情况下可能产生相似的后果，即破坏信任和关系。从道德和伦理的角度来看，承诺是一种对自己和他人的契约，它可能涉及某种期望或义务。没有履行承诺意味着该人没有按照之前的约定或承诺的条件去行动。这可能是因为能力不足、意外情况或其他不可控因素等，并不一定就是出于恶意或不诚信的动机。只要我们在承诺时，是以一种坦诚和真诚的态度来表达自我，并且做好了准备，愿意为实现诺言而付出努力，那么即使最后没有实现诺言，也不能简单地认为是在说谎。因为说谎是一种故意欺骗行为，违背了诚信原则，旨在误导和欺骗他人。一个人在说谎时，永远考虑的是如何编造故事，如何掩盖真相，如何避免被揭穿，从来不考虑如何完成答应的事，如何说到做到、言出必行。

这实际上是在强调说谎必须具备有意性。也就是说，如果一个人在做出承诺时，就没有想着要去履行承诺，做出承诺本身只是帮助其实现某种目的的权宜之计，那么无论事后有无履行承诺，当时都算在说谎。换句话说，做出承诺的人在当时是有意欺骗被承诺对象的。明明不准备履行承诺，或明知承诺的内容与事实不符，却要口口声声做出承诺，那不是说谎是什么？在曾子杀猪的故事中，曾子的妻子其实就是在说谎。

曾参是孔子的学生。一次，他的妻子要到集市上办事，年幼的孩子吵着要去。曾参的妻子不愿带孩子去，便对他说：“你在家好好玩，等妈妈回来，将家里的猪杀了煮肉给你吃。”孩子听了，非常高兴，不再吵着要去集市了。这话本是哄孩子说着玩的，过后，曾参的妻子便忘了。好在曾参懂得，父母是孩子效法的榜样，为人父母诚实守信，对于孩子的健康成长有多么重要。于是，曾参就把妻子这句哄骗孩子的谎言当成了他自己必须履行的承诺，真的把家里的一头猪杀了。

现实生活中，像曾妻这样虚假承诺的情况也很多。例如二手车行明明知道某车曾发生过交通事故，还涉及一起故意伤害的恶性刑事犯罪案件，却向有购买意向的客户明确承诺该车不涉及任何事故。商家借“打折”“免费送”之名博眼球、引关注，实际产品投放量缺乏透明度，商品原价信息不真实，甚至借低价策略销售伪劣产品，骗取消费者信任后携款隐匿。

反过来讲，如果承诺人在做出承诺的时候确实是完全准备履行承诺的，不是有意要欺骗对方，即使事后因为外界环境、自身状况等发生重大改变，不能或不适宜再履行承诺，那都不能算是说谎。比如，妈妈本来答应儿子今天晚上带他去看电影，可是身为医生的她，被临时通知要进行一场紧急手术。下班后，儿子已经睡着了。你总不能说妈妈没有履行承诺就是在说谎吧。虽然妈妈没有说谎，但是为了获取儿子的谅解，免不了花费口舌解释一番。毕竟，答应别人的事，最后无论什么原因没有做，或者没有做成，对于被承诺人来说总不是一件好事。

轻诺者，必寡信。所以，任何不想失信于人的人，不愿被人误会说谎欺骗的人，不愿花费精力和时间解释自己为何没能履行承诺的人，一定要客观评估自身的实际状况，仔细分析当下的情势状态，对很可能出现的风险保持警惕，在全面调查、综合分析、客观评价的基础上去做出承诺。千万不要为了一时的方便和暂时的利益，拿诺言当工具，事后又弃之不用，这样的话对承诺人和被承诺人都是一种伤害。客观谨慎地做出承诺，全力以赴履行承诺，才是我们应该采取的态度。这方面我们可以向古人季札学习。

《史记·吴太伯世家》记载了一个季札挂剑的故事。春秋时期的吴国宗室季札，出使中原途经徐国，徐国国君殷勤招待。季札看出了徐国国君对自己身上的佩剑甚是爱慕，只不过碍于面子没有说出而已。季札也想成人之美将佩剑送他，但囿于出使重任尚未完成，而佩剑又是象征使节的重要饰物，所以暂时不能相送。季札在心里暗自做出承诺，待出使任务结束后再将佩剑赠予徐国国君。然而，当季札完成出使任务回程途经徐国时，却得知徐国国君已经去世。于是季札立刻赶到徐国国君墓前慨然解下佩剑挂在墓前的树上，赠予去世的徐国国君，以示哀悼。季札的随从不解地问道："徐君已经死了，还留下佩剑给谁呢？"季札正色答道："不能这样讲。当初我心里已经承诺把佩剑送给他了，岂能因为徐君死了，我就违背承诺呢！"不难看出，季札此举不以生死为碍，不以心约无凭为托词，毅然践约，堪称君子重诺守信的典范。

总之，重诺守信是任何时代都推崇的美好品德，值得我们每个人去培养和坚守。但是，要判断一个人没有履行承诺的行为算不算说谎，还是要根据具体的情况来定。一个人在做出承诺时，没有要真正践行诺言的想法，或者承诺的内容本身就与客观事实相违背，自知根本无法实现，那才算是说谎。不能将所有没有履行承诺的行为都视为说谎。

◎ 说谎的三要素

以上我们从多个角度分析了一种行为算不算说谎，那么说谎严格的定义到底是怎样的呢？实际上，有意性和无预警性是研究者普遍认同的说谎特征，不过由于研究目的的不同，各研究者对说谎所下的定义略有差异。比如，保罗·埃克曼给说谎下的定义是：说谎是一个人存心误导别人的有意行为，事先未透露其目的，并且对方也没有明确要求被误导。维也纳有一位世界公认的谎言研究专家，名叫彼得·施蒂格尼茨。他给说谎下的定义是：说谎是有意识地回避真相。豪梅·马西普等人做了一件很有意义的事，就是从诸多定义中抽取出一些共同要素——信息要素、意图要素、信念要素。他们认为这三个要素构成了判断一种行为是不是说谎的标准。

其中信息要素指的是说谎者有传递虚假信息。这个虚假信息可以是有关真正实例的（比如指鹿为马），也可以是关于自身情绪的（比如故作镇定）；可以是通过捏造事实形成的（比如，面试者只有高中学历，却跟招聘经理谎称是大专毕业），也可以是通过隐瞒事实形成的（比如，儿子对父亲隐瞒自己已经被学校开除）；可以是通过言语形式传递的，也可以是通过语调、面部表情、身体姿态等非言语形式传递的。

意图要素对应我们前面讲的有意性，就是说谎者必须知道自己传递的是虚假信息（否则只是一个诚实的错误），而且坚定地向对方表示这个虚假信息是真的。

信念要素是指说谎者必须有说谎的动机。说谎是其获取某种结果的手段。说谎者总是试图使对方产生或维持一种信念，尽管说谎者也知道这个信念是虚假的、错误的，但是他不会事先告知对方（体现了无预警性），因为该信念可能使得对方做出有益于说谎者的行为。在伊索寓言《牧羊的孩子和狼》的故事中，放羊娃撒谎就是试图使山下的人们产生“狼来了”的信念，好达到自己捉弄大家寻开心的目的。这个故事对我们理解谎言很有帮助，在后面的章节中也会经常提到，不妨在此完整阅读一下。

从前有一个人养着一群羊。羊要吃草，他把羊放在山野里，让一个孩子照顾着。从早到晚，羊上山下山，有时沿着小溪来回地走，边走边吃草。孩子只要留神着狼，不让狼到这里来吃羊。

那个孩子孤零零一个人，没有人谈天，也没有事做，觉得很寂寞。忽然他想到了一个坏点子，自言自语地说：“我要是叫他们相信狼来了，那一定很好玩。”于是，他就大叫起来：“快来啊，快来啊，狼来了！”附近村里的人都拿着棒子急急忙忙地跑来了。他们一看，原来是那孩子开的玩笑，大家都笑了笑，各自回家干活去了。孩子把这个玩笑又开了一遍。大伙儿像第一天一样，丢下活儿跑来，看有没有狼。这一次，他们就不再感觉有什么好笑了。可是那孩子不断地开玩笑。他再三再四地叫："狼来了，狼来了！"直到后来，不管他怎么大喊大叫，也没有人来理会他了。

有一天，狼果真来了。孩子吓得要命，扯着嗓子大叫："来呀来呀！狼吃羊了！来啊来啊！狼真来了！"可是没有一个人理睬他。狼看见孩子很害怕的样子，就放心大胆地把羊吃的吃、咬的咬了。

这则尽人皆知、广为流传的故事重点在于说明说谎的危害性，但也体现了说谎行为具备的三要素。除了之前已经说过的信念要素，它还具备另外两个要素：意图要素——放羊娃是有意误导；信息要素——放羊娃编造狼来了的虚假信息。

我们再举一个现实中的例子。彼得·罗斯曾经是美国职业棒球大联盟的超级明星，由于涉嫌赌球，他被终身禁赛，并导致未被选入棒球名人堂，但是他一直否认参与赌球。2004 年，他终于承认了当年的赌球事件。彼得·罗斯的事例也可以很好地为我们诠释什么是说谎的三要素。

（1）说谎必须包含虚假的信息。

罗斯参与了赌球，却对外声称"自己从未赌球"。

（2）说谎必须是有意图的欺骗，否则只是一个诚实的错误。

罗斯明知赌球是违背联赛规则的，自己的确也参与了赌球，可是在事发之后他不承认自己做过这件事，他不是失忆，不是无意，就是有意地欺骗。

（3）说谎的目的是诱使对方产生或维持一种虚假的、错误的信念，从而做出错误的决定。

罗斯说谎是为了让公众产生虚假的信念——罗斯没有参与赌球，罗斯是清白的，以使自己不被抓。而公众是期待获得真相的，他们并不愿意像看魔术一样被罗斯愚弄。

豪梅·马西普等将说谎定义为:“通过言语或非言语的形式，有意地隐瞒、伪造或以其他任何形式操纵有关事实或情绪的信息，以诱导他人形成或维持一种沟通者本人认为是假的信念，无论成功与否，均可被视作说谎。”这个定义比较全面，本书也将采用该定义。总结一下，说谎得有虚假信息；得明明知道是虚假的还要去传递；得有说谎动机，想让对方产生某种错误信念，以达到说谎者的某种目的，而且没有提前预警。

知晓了说谎的定义对于我们判断一种行为是否属于说谎很有帮助，也将为我们识破谎言打下一个坚实的基础。不过有些人将说谎和欺骗看成一回事，在此有必要澄清，二者并不完全相同。欺骗是一个更大的范畴，而说谎属于它的一部分。比如，2023 年 12 月，杭州查获一批“钻孔茅台”，有不法商人揭开茅台酒标签，在瓶身上钻出头发丝粗细的针孔，抽出真酒，换入假酒，再用瓷粉填上，贴回标签。这就属于欺骗。虽然其中肯定也有说谎的部分，但欺骗明显比一般的说谎更为复杂，形式也更加多样。像恶作剧、游戏和运动中的佯攻、冒名顶替、医疗骗局、赌博诈骗、通灵术等都属于欺骗的形式。而说谎主要有两种形式——隐瞒和伪造，之前已做过分析，不再赘述。本书一些章节会说到欺骗的套路，因为欺骗总是伴随着说谎，了解骗子的套路有助于我们识破谎言；况且现实生活中诈骗频发，值得警惕。接下来，我们就说一说团队说谎。

◎ 团队说谎

在现实生活中，除了我们常见的个人说谎，还存在团队说谎的情况。团队说谎分为两种：可能是在一个合作的团队中，存在蓄意说谎的成员；也可能是一个团队共同对外说谎。

当一个说谎者需要隐藏在一个合作的团队中，对所有的成员说谎从而误导团队，使其得出错误结论时，说谎者如何才能成功隐瞒自己的企图？一些研究发现，说谎者在团队中可能会采用两种不同的策略：一是主动误导团队成员，二是低调参与信息交流，不主动提供信息。其中，说谎者更有可能采取主动引导的方式，来控制团队成员的信息交流，从而更好地实施说谎。同时，团队中觉察到欺骗存在的成员，可能会主动对所怀疑的对象进行问询，希望找到说谎者。接下来说说团队一致对外说谎。

有时候，团队可能会共同对外说谎。在2008—2015年期间，大众汽车的工程师团队在实验室测试中多次伪造汽车发动机排放水平的数据。工程师们控制这些车辆，使其在实验室中释放低水平的污染物，从而达到美国和欧洲的排放标准。但当这些汽车上路时，它们的排放量远远高于标准，甚至高出了40倍。这就是典型的团队共同对外说谎，团队合作成了滋生不诚实行为的沃土。

另外，生活中常见的电信诈骗，也大多是以团队共同对外说谎的方式对某一个对象或者某一些对象进行诈骗，由于是团伙作案，便于彼此互相掩护、配合，往往令人防不胜防。一方面，团伙在诈骗的过程中，每个成员可能会扮演不同的角色，比如有人扮演“办案民警”，恐吓当事人要将其“带走调查”；有人扮演银行职员，“指导”当事人将钱转人所谓的“安全账户”。他们分饰不同的角色，受害人可能会因为多方提供信息的一致性，而相信了他们的谎言。这也是团队说谎的优势所在。同属一个团队的成员相互配合，使得被骗对象逐渐打消了顾虑。另一方面，团伙诈骗的时候，其人数优势会使得被骗对象注意力分散，被搞得晕头转向。在这样的情况下，被欺骗对象就不能很好地分析谎言的内容，因而难以察觉这些谎言，掉进了诈骗团伙挖好的陷阱。有一女子本着炒股赚大钱的目的进入了一个名为“投资理财”的聊天群。群主自称“导师”，号称有幕后消息，可操纵股票，愿意为入群的“学员”代买股票，保证稳赚不赔。一开始，这名女子并不相信这种说辞，但随着群里的“学员”接连不断传出赚到大钱的“喜讯”，她也按捺不住了，并最终决定追随“导师”“投资理财”。但是，她没想到的是“投资理财”群除了被害人自己，其他人都是托儿！诈骗团伙在演戏，而自己却信以为真，被骗得团团转。

再比如，在一些刑事侦查中，审讯人员可能需要对同时参与了一个案件的所有人员进行审讯——他们可能会选择逐个审讯嫌疑人，也可能会选择一起审讯所有人。在审讯的过程中，也经常会出现团队成员相互配合、互动说谎、共同掩盖真相的情况。有研究发现，团队一起接受审讯的时候，需要说谎的团队成员可能会提前串好供词（如果他们有机会这样做的话），因此他们给出的关于某一事件的描述更为一致，而说真话的团队反而会出现不同人对同一事件存在不同记忆的情况。如果没有提前准备，团队成员分开接受审讯时，会面临信息透露程度的矛盾——自己应该透露多少信息，别人又透露了多少信息，两种信息会不会相互冲突，等等。这些都可以作为识破谎言的突破口。

团队一致对外说谎中还有一种比较常见的情况，就是团队成员都知情不报。比如，你们班上有同学在宿舍里搞恶作剧，故意捉弄新转来的A同学。A同学被欺负了，可是又不知道是谁干的。作为班主任，你想找出是谁搞的鬼。虽然同宿舍的其他同学都知道是谁做的，但是在你大声嚷嚷着“嘿！你们谁能告诉我到底是谁干的，怎么这么坏？”时，你发现大家都一言不发，“拒不配合”。这个宿舍的同学（除了A同学）似乎组成了一个坚不可摧的团队，大家共同掩盖着真相。其中的原因可能是有人害怕当众说出真相会遭到犯错者的忌恨，被同宿舍其他人看成“叛徒”，或者因为知情者众多，揭露真相、支持正义的责任被稀释等。在这种情况下，你可以尝试各个击破的策略，从个人身上取得突破。比如，你可以私下单独找某个你认为很有可能说出真相的同学，对他说：“小辉，是谁搞恶作剧并不重要，我甚至一点也不在乎。我之所以把你叫来，是因为在我眼里，你一直是一个诚实上进的孩子，很有正义感。我非常在乎你身上的这种好品质。我希望你知道，能够得到别人的信任是一件非常愉悦的事情。但是，我需要你对我说实话。我重复一次，我并不在意是谁搞的恶作剧，我只在乎你对我是否诚实。当然，今天的对话我会保密的。”如果你从小辉身上查不出任何线索，那么再找另一个学生，对他说类似的话。最后一定会有人说出来的。

以上就是对团队说谎及其破解之道的简单介绍。了解完说谎（包括团队说谎）之后，我们自然就清楚了什么是谎言。那么谎言都有哪些类型呢？这是接下来我们要谈论的话题。

◎ 谎言受益者的不同

谎言按照受益者不同可分为：自向型谎言、他向型谎言、双导向谎言。自向型谎言的受益者是自己，也被称作“黑色谎言”。一位应聘者之所以会伪造自己的工作经历，美化包装自己的简历，无疑是为了自己的利益，而与他人无关。总的来说，超过50%的谎言完全是自向型谎言。哈姆经过研究发现，自向型谎言比其他类别谎言多了两倍。这充分表明说谎者大多是为了自己的利益。

我们不妨再举个例子。春秋战国时期，楚怀王得到了一位美人，宠姬郑袖受到冷落。郑袖哪能忍受这般对待，于是处心积虑地准备算计这位新来的美人。郑袖表现得十分大度和友好，主动与美人以姐妹相称，对这位新来的“妹妹”十分照顾。一日她对美人说:“妹妹真是美貌过人，难怪大王对你宠爱有加，只是大王说你的鼻子长得不是十分好看。”美人听了之后深为忧虑，急忙请郑袖为她出主意。郑袖说:“这个没什么困难的。以后你再看见大王，就拿手绢将鼻子遮一遮就是了，这样大王就更喜欢你了。”美人照做。楚怀王不明白为什么每次美人见到他都拿手绢将鼻子捂住，便向郑袖打听。郑袖解释道:“妹妹觉得大王身上有股恶心的味道。”楚怀王一听，火冒三丈，立即下令把美人的鼻子割掉。此后，郑袖再次独占专宠。在这个故事中，郑袖无论是对新来的美人说谎，还是对楚怀王说谎，都纯粹是为了自己的利益，巩固自己的地位，受益者都是自己。所以，她说的这些谎言都属于自向型谎言。

有 25% 左右的谎言，其受益者是他人，这样的谎言称作他向型谎言，也叫“白色谎言”。也就是说这些谎言的目的是让他人获益，说谎者自己并未从中获益。在以下这个真实的事件中，救援者的谎言就属于他向型谎言。

一架小型飞机坠落在美国约塞米蒂国家公园的山上，救援者从飞机的残骸中抢救出来一个面色苍白、身形瘦弱的 11 岁小男孩，他受了伤但万幸还活着。这个小男孩在近 3500 米高的坠毁地点，在暴风雪和严寒中幸存下来，当时他独自蜷缩在被大雪掩埋的残骸后排的一个绒毛睡袋里。“我的爸爸妈妈怎么样？他们还好吗？”这个昏昏沉沉的五年级孩子问道。救援者并没有告诉孩子，他的继父和母亲已经死了，尸体依然固定在破碎座舱中自己的位置上，而且与孩子当时所在的地方不远。在这个故事中，救援者由于担心孩子不能经受得住父母双亡的打击，向他隐瞒了实情，这个谎言并没有使救援者获得任何好处，却使小男孩获益。

还有一类谎言的受益者包括对方也包括说谎者自己，我们称这类谎言为双导向谎言。我们常说的“善意的谎言”通常是双导向的。比如，我们对母亲说：“我非常喜欢您送给我的领带。”但实际上，我们可能认为它的颜色不太适合自己，对它并非真的喜欢。对母亲那样说只是我们为了避免伤害母亲的感情，同时也保护了我们自己，因为母亲伤心同样会使得我们自己伤心。再比如，你的女朋友问你：“我又胖了吗？”也许她的体重已超出你的期望值，但为了不让她伤心失望，也为了避免说实话可能导致吵架，选择“没有胖，刚刚好”或“怎么会呢？挺好的”这样的回答往往会让两个人都开心。历史上望梅止渴的故事也是一个典型的双导向谎言。

一年夏天，曹操率领部队去讨伐张绣，天气热得出奇，骄阳似火，天上一丝云彩也没有，部队行走在弯弯曲曲的山道上，两边密密的树木和被阳光晒得滚烫的山石，让人透不过气来。到了中午时分，士兵的衣服都湿透了，行军的速度也慢了下来，有几个体弱的士兵竟然晕倒在路边。曹操看到行军的速度越来越慢，担心贻误战机，心里很是着急。可是，眼下几万人马连水都喝不上，又怎么能加快速度呢？他立刻叫来向导，悄悄问他：“这附近可有水源？”向导摇摇头说：“泉水在山谷的那一边，要绕道过去还有很远的路程。”曹操看了看前边的树林，沉思了一会儿，对向导说：“你什么也别说，我来想办法。”他知道此刻即使下命令要求部队加快速度也无济于事。脑筋一转，计上心来。他双腿一夹马肚，快速赶到队伍前面，用马鞭指着前方说：“士兵们，我知道前面有一大片梅林，那里的梅子又大又好吃，我们快点赶路，绕过这个山丘就到梅林了！”士兵们一听有梅子吃了，嘴里都流出了口水，精神也为之一振，行进的步伐不由得加快了许多。

因为《三国演义》的缘故，曹操的口碑历来不是太好，但“望梅止渴”这一说谎事件却让曹操给人留下了一个机智聪明、善于思考的好印象。故事中，曹操的谎言既实现了自己加快行军速度的目的，最终又把士兵们带领到了前方有水源的地方。所以说，这个谎言也属于双导向谎言。

◎ 谎言风险的高低

以说谎的后果为标准，谎言可以分为高风险谎言、低风险谎言和零风险谎言。这类谎言的分类标准并没有那么严格。另外，需要注意：这里说的后果不是指给说谎对象造成的后果，而是对说谎者本人造成的后果。谎言被识破后对说谎者造成的后果越严重，风险就越高。

高风险谎言攸关说谎者的长远利益与根本利益。说谎成功了，可能会给自己带来重大利益，但说谎失败，自己也将面临空前的风险。下面故事中的狼就决定尝试一把高风险谎言。

一天，一只狼决心伪装一下自己。它觉得这样既可以摆脱猎人的追赶，又便于捕食。它蒙上了一张羊皮，把自己扮成一只绵羊，混入了羊群。它低着头假装吃草，瞒过了牧羊人的眼睛。夜幕降临时，被牧羊人关在羊圈里的狼正想动手享用它的美餐时，牧羊人打开了羊圈，打算杀一只羊为自己做晚饭。他一眼选中了狼假扮的羊，抓住了它，一刀就要了它的命。

是的，伪装常常使人陷入困境。但有些职业本身就要求从事它的人用谎言伪装自己，所以，也注定了其谎言的高风险性。例如，间谍的谎言就属于高风险谎言。成功了，自然能够继续潜伏下去，可是一旦谎言被识破了，让对方掌握了自己的真实身份，那么很可能立马面临逮捕和死亡，身边的亲人也可能会遇到一些不测。在电视剧《悬崖》里面，由张嘉益饰演的我方间谍周乙，因为身份暴露，敌人扣押了他名义上的妻女——顾秋妍母女。为了营救她们，周乙只得自投罗网，最终献出了自己的生命。其他常见的高风险谎言还有犯罪分子欺骗警察的话。众所周知，犯罪分子的谎言一旦被识破，很可能意味着他的罪行也将被揭露，牢狱之灾在所难免。所以，对于犯罪分子来说，面对警察的讯问，任何谎言的风险都很高。可能一个不留神就会被警察发现破绽。实际上，高风险谎言在任何人身上都有可能出现。对于一个因为出轨担心被抓的丈夫来说，他哄骗妻子的话就属于高风险谎言；对于寻求连任的美国前总统尼克松来说，掩盖水门事件的真相也属于高风险谎言。

低风险谎言关乎说谎者暂时的、无伤大局的利益，例如，你想跟对方套近乎，好促成一笔生意，谎称自己和对方有共同的爱好——跳广场舞。这个谎言的成败充其量只会影响到你能不能获取对方的好感，促成交易，甚至对这个结果根本没有影响。说谎成功了，可能会拉近你与对方的距离；失败了，最多也就是一场生意而已。所以它就属于低风险谎言。

零风险谎言则对说谎者来讲没有风险。他向型谎言对说谎者来说就是零风险。因为这类谎言本身就无关说谎者的利益，说谎者纯粹是为了对方着想才去说谎的。就像前文提到的飞机坠毁事件中的救援者，救援者出于保护小男孩的目的而说谎，这个谎言如果成功了，按照救援者的想法，小男孩是受益的。但是救援者并没有想通过这个谎言获取属于他自己的利益，所以即使谎言失败了，说谎者也没有什么损失，所以就是零风险。当然，也不是说面对零风险谎言，说谎者就不在乎它能否被识破。每一个说谎者肯定是希望通过谎言获得对方的信任，否则还不如说实话来得轻松。这里的零风险只是针对说谎者要承担的后果来讲。说谎的后果越严重，说谎者的心理负担越大，越有可能暴露说谎的线索。

◎ 谎言成分的多与少

以说谎的方式为标准，谎言可分为直接的谎言、夸张的谎言和不易察觉的谎言三类。所谓直接的谎言是指谎言是完全虚假的，谎言中所传递的信息与事实是完全相反的。这类谎言也被称作绝对的谎言。例如罪犯否认自己的罪行，学生逃课去打游戏却跟老师谎称肚子疼。接下来，举一个发生在商业领域的直接的谎言。

史蒂夫·马克斯是一名风险投资人。一次，他被安排参观一个新成立的计算机动漫公司，考察是否值得投资。一切看起来似乎非常适合：公司位置优越，员工也很忙碌，所有的业绩数字都看起来棒极了。史蒂夫为工作人员的活力与公司高效的氛围所深深感染，与公司首席执行官的接触让他觉得对方自信而沉着。这时他几乎确定，可以投资。就在他离开时，他经过了一个办公桌，一位全身衣着黑色的年轻女孩正在那里工作。她的皮夹克和鼻环使她看起来更像是参加夜总会的狂欢者，而不像是在办公室工作。与这个女孩的进一步接触，让他意识到女孩在表演，这很可能是个骗局。史蒂夫很快就确认那个女孩和其他的“员工”都是公司临时雇来的演员。真实情况完全不是他们演的那样，公司已经濒临破产。史蒂夫当场戳穿了这些演员并不娴熟的表演。在这个故事中，史蒂夫遇到的就是彻头彻尾的骗子，完全虚假的、绝对的谎言。

夸张的谎言是指说谎者夸大事实或传递的信息超过了事实。例如在招聘面试中过分表现自己的爱岗敬业。再举一个有关食品安全的例子。2023 年 12 月 6 日，福建省消费者权益保护委员会在其微信公众号上，发布了《2023 年现制现售咖啡比较试验报告》，里面提到一些现制现售咖啡检测出含较少量的致癌物“丙烯酰胺”，而且在该报告原文中已为消费者进行了详细解释，称 2A 类致癌物“丙烯酰胺”是食物在煎、炸、烘烤等高温加热过程中产生的一种化学物质，炸薯条、烤面包和烘焙咖啡豆都有可能产生一定量的该物质。但是个别自媒体就片面宣传、断章取义，竟将其渲染成了“喝咖啡致癌”，引起舆论风波。这就是有意夸大的、夸张的谎言，传递的信息已经超过了事实。倡导消费者科学、健康地选购咖啡的报告反而引起恐慌，使得该委员会不得不直接发文辟谣。

不易察觉的谎言则是指说谎者故意通过避开或遗漏某些细节的方式，或者通过粗略说明事实的方式来误导对方。这类谎言确实不易察觉，十分精妙。举一个例子。比如，一个男生与前女友不期而遇，共同出席一个饭局，因为担心现女友误会，所以没有对她提及此事。事后，当女友问他“今天饭局都有谁”的时候，这个男生就会告诉女友：“有同事老李、A 公司的张斌、B 公司的林鹏、C 公司的王宇……”这个男生会把参加饭局的人的名字都告诉女友，但是唯独没说有前女友。如果女友发现真相来质问，他也有回旋的余地，可以说：“我没说吗？”“我说了呀，是你没记住！”“可能是人太多，漏了吧”等。

第二章 | CHAPTER 2 |

谎言的善恶

> 我们之所以要识破谎言，是因为谎言会给我们带来一定的危害。但是，谎言全都是有害的吗？我们需要识破所有的谎言吗？当然不是。起码他向型谎言就是一种善意的谎言。实际上，至今没有人发现有哪一种文化能够全盘接受所有的谎言，也没有哪一种文化是完全将谎言拒之门外的。总是会有可以被接受的谎言，也会有被谴责的谎言。那么，如何确定对待一种谎言的态度呢？这就需要根据说谎的动机及判定说谎造成的影响了。本章将从这两方面入手，分析谎言的善恶，厘清识谎的目标，并且还会教给你一些获得真相的技巧。

◎ 说谎必有动机

说谎不会无缘无故地发生，有果必有因。一个谎言的出现一定是有它发生的原因的，谎言背后的原因就是人们说谎的动机。大多数学者认为不同的需要和满足各种要求的条件组成了动机。这就表明人们编造的各种各样的谎言，大多是在不同动机的“驱使和指导”下出现的。碰碎了姨妈的花瓶沉默不言，偷走了邻居的快递包裹死不承认，对考试作弊得来的好成绩沾沾自喜……人们在不同的动机下说着不同的谎言。而且即使是同样的谎言，从不同的人嘴中说出来，可能就源于不同的动机。战国时期邹忌比美的故事就是这样。

邹忌是一个长得还算漂亮的男子。一天早上，他穿好衣服，对着镜子，问他的妻子说："你看我和那住在城北的徐公比，谁更漂亮些？"妻子答道："你很漂亮，徐公哪能比得上呢？"徐公是齐国有名的美男子。邹忌不相信自己会比徐公更漂亮，所以又去问他的妾："你看，我和徐公比，哪个漂亮些？"妾也这样回答："徐公哪能比得上你呢？"过了一天，有个客人来访，邹忌顺便问了问客人，客人的回答也同样是徐公没有他漂亮。又过一天，徐公来了，邹忌就把徐公的面貌、身材、姿态等各方面都仔细打量了一番，又暗中和自己相比，始终看不出自己比徐公漂亮。徐公走后，他又去照了一回镜子，更觉得自己比徐公逊色。邹忌为这事睡不着觉。他想了又想，终于得出一个结论："妻子对我有偏爱，当然要说我漂亮；妾呢，她是怕我的，所以也说我漂亮；至于客人的当面奉承，那还不是因为他有求于我吗？"

你看，同样的谎言，邹忌的妻子是因为偏爱他才说的，他的妾是因为害怕他才说的，而他的客人是因为有求于他才说的。谎言既可以用来表达自己对某人的关爱，也可以被当作保护自己的"外壳"，还可以作为自己谋求利益的工具。弄明白了说谎的动机，也就搞清楚了谎言的性质。从一个谎言要不要被识破的角度来讲，假如你认为对方有可能是出于对你的关爱在说谎，那很可能不用费尽心思地去识破。比如，你眉飞色舞地问丈夫自己穿的这条新裙子好不好看，丈夫迟疑了两秒钟后赶紧说道"好看好看"。这种情况，即使你觉得丈夫有可能在说谎哄你开心，也大可不必纠结他的话到底是真是假。不过，如果你认为对方有可能将谎言当作工具来中伤自己，那自然不会善罢甘休。比如，你怀疑一名同事为了凸显自己，在老板面前编造你的不是，好使他赢得某个岗位的竞争优势，那么，即使你本来就没打算跟他争，也会愤愤不平，想弄明白事情的原委。在你质问他而他否认做过此事时，你就得注意识别他到底有没有说谎了。

因此，了解说谎的常见动机，可以帮助我们判定一种谎言的性质，从而促进我们在怀疑被骗时快速理智地做出决定，是要耗费力气一探究竟，还是如清风过耳一般不去在意。

◎ 被骗的后果也会影响我们的决定

上文提到了解说谎的动机有助于我们决定是否要努力地识别一个人有没有说谎，实际上，只依据说谎动机去做决定远远不够，更主要的是看被骗的后果大不大。被骗的后果会从根本上影响我们的决定。不过，说谎的动机往往跟它可能造成的后果密切相关。

还以上文提到的两个例子来说，你不去深究丈夫对你新裙子的评价是真是假，是因为你知道出于善意的谎言不会给你造成什么损失，还可能让你觉得丈夫很在乎你；你要去质问有可能陷害你的同事，是因为你觉得这件事情影响到了你的名声，你不想任由对方玷污声誉。当谎言对我们造成的后果越严重时，我们越应该去识破它。

你去就餐，提前告知服务员菜里不要放味精，不一会儿服务员把一盘鱼香肉丝端了上来。你再次跟他确认，菜里是不是没放一点儿味精，服务员虽然嘴上说没有，但脸上的表情明显不悦，他的话让你半信半疑。有些人读到这里也已经觉得，吃个饭而已，没必要跟服务员纠结这个事情，饭店哪有不放味精的，服务员即使说谎也是出于怕麻烦的动机，或者太忙忘了跟厨师说这件事。但是，你要知道，有些人确实味精过敏，过敏反应可能包括头痛、面部潮红、呼吸困难等症状。所以，当你此时这样据实告知对方：“你好。我对味精过敏。只要吃一口放有味精的菜，我就完了，准得进医院。”我想，服务员听了这番话，很有可能到厨房与厨师再次确认一次，也没有人怀疑你坚持识破谎言的必要性了。

有时，是否识破谎言对我们自己并没有太大的影响，但是却对说谎者来说关系重大。保罗·埃克曼在其文章中记载了一个案例：一位患有重度抑郁症并曾有过多次自杀经历的患者玛丽，在接受了一段时间的治疗后，向医生表达了她已经完全康复并想周末回家休养的想法。玛丽在与医生的谈话过程中，状态良好并时常露出笑容，显得十分乐观，并表示不再考虑自杀的事情了。医生观察她的一举一动觉得和健康人无异，于是同意了她的请求。但是，令人意想不到的是，玛丽很快改口说自己刚才说了谎，其实是准备回去自杀的。万幸的是，玛丽在关键时刻承认了自己的自杀企图，否则她将利用谎言毁掉自己。在这个事例中，是否能识破玛丽的谎言对于医生自己来说并不会造成什么严重后果，但是对于说谎者玛丽来说就不同了，是否识破谎言将关系她的生死。

因此，了解谎言的常见动机，以及出于某类动机的谎言可能造成的后果，可以帮助我们更好地应对谎言。那么，说谎一般都是出于什么动机呢？实际上，大多数说谎行为通常都是出于以下七种动机：获得某种利益、损害他人的利益、游戏取乐、赢得面子、逃避惩罚、自我保护、保护别人免遭伤害或尴尬。前四种动机又可称为攻击性动机（趋利），后三种动机又可称为防御性动机（避害）。攻击性动机的谎言目的在于击败我们的对手，譬如在运动场上得分，或在工作上晋升职位，或者把他人逼到角落里。相反，防御性动机的谎言目的在于保护我们自己，稳住阵脚，减少我们的痛苦与窘迫。不同动机的谎言造成的后果也会不同，虽然不能说为了面子而说谎一定比为逃避惩罚而说谎的后果小，但是说谎的动机和后果有一定的关联性。接下来，我们将针对这七种不同动机的说谎行为一一做出说明。

◎ 为获得某种利益而说谎

为获得某种利益是最常见的说谎动机之一。这里的利益既包括金钱等物质利益，也包括其他的利益。比如，商家为了赚钱忽悠顾客；应聘者为了找到好工作，在面试中夸大工作经验；有些人希望获得较高的学术地位而论文造假；有些人希望收获爱情，在婚恋交往中刻意隐瞒婚史；A公司的老板为了在市场上取得竞争优势，向竞争对手B公司谎称自己无意并购C公司，而事实上，他正在就并购问题与C公司谈判；学生为了获得学校和国家给的贫困补助，在陈述家境时“添油加醋”、夸大其词，明明家境不错却谎称特别贫困；在职场中，有些人急于表现，或者动机不纯，趁他人不注意窃取工作成果，把别人的成就夸大为自己的努力。

以上事例主要是为了个人利益而说谎，还有一类为了使集体受益而说的谎言（即蓝色谎言）。这类谎言对群体内的成员有利，而对群体外的成员不利。蓝色谎言的命名源自警察制服颜色，因为人们认为警察有时候会为了保护自己群体的势力或利益而说谎。在成人的世界里，蓝色谎言到处都是，尤其是在体育、商业和政治领域。比如足球运动员为了团队荣誉而掩盖队友犯规的事实，外国间谍为了他国安全隐瞒个人真实身份以骗取我们的信任。有意思的是，据说日本人为了食物而说谎。几个世纪以来，因为佛教禁止宰杀任何四足动物，鱼类成了日本最主要的食用肉类来源。不过到了1872年，日本人想出了一个狡诈的谎言来解决问题——他们将野猪重新命名为“山鲸”！时至今日，为了解除对日本捕鲸业发出的国际禁令，他们竟然将体型庞大且濒临绝种的蓝鲸称为“海洋中的蟑螂”！

虽然司马迁在《史记·货殖列传》中早就说过，“天下熙熙，皆为利来；天下攘攘，皆为利往”，生活中，每个人都希望自己的生活可以过得更好一点，保全自己的既得利益，同时获得更多更大的利益，但是在产生利益冲突时，通过说谎来谋取的，往往是不正当利益。说谎者在为自己获取不正当利益的同时，往往是以损害他人或集体的正当利益为代价的。这种代价或许还非常昂贵。就比如诈骗，这样一种古老而又时常花样翻新、变种层出不穷的犯罪形式，如今已然成为严重扰乱社会秩序、危害公民人身财产安全的不安定因素。诈骗犯的一则谎言，可能会成为一名花季少年的夺命符咒。2023 年 7 月 30 日，上海一名 18 岁的中学生在香港跳楼了。男生在家属群留下遗书，称自己接到自称“公安机关”的电话，指控自己涉及上海一宗洗“黑钱”案。这是一起典型的冒充“公检法”诈骗案。“自己被陷害了！”这是男生的第一反应。对方还说了什么不得而知，委屈和压力之下，男生选择用轻生证明自己的清白。

再比如近年来，一些自媒体从业人员假借社会热点事件编造传播网络谣言，有的甚至公然在网上自编自导自演、无中生有炮制虚假事件，以此吸粉引流、非法牟利。2023 年 3 月以来，山东张某某等 3 人运营多个“网络大 V”账号（粉丝数过百万），专门编造发布有关单位或个人的虚假信息，并使用多个账号相互转发评论进行炒作，借机向受害单位及个人进行敲诈勒索，严重扰乱公共秩序，造成恶劣社会影响。总之，这类为谋取不正当利益的谎言足以产生严重的后果，必须引起警惕，绝对值得我们努力去识破、去揭穿。

◎ 为损害他人的利益而说谎

有些人会用谎言刻意中伤他人，虽然自己未必能从中获得任何的好处。这是一种典型的“损人不利己”的行为。如果非要说有利的话，可能就是通过这种不堪的手段宣泄了心中的不满。背后无中生有、造谣或讲其他人的闲话都属此类。这类谎言往往能产生相当的杀伤力，对被害人产生极为严重的负面影响。

有这样一件真实案例。林小姐是老总秘书，有一段时间发现同事对她指指点点。疑惑的林小姐于是约了同单位的闺蜜喝酒探口风，得知是此前她因性格不合拒绝与一名男同事交往后，这位同事在公司故意传播她与上司关系暧昧的不实信息。林小姐一听气坏了。酒后，林小姐独自回家，路上越想越郁闷，便找到那名男同事王某家中评理。王某自知理亏，匆忙应付几句，就关上家门，拒不见面。林小姐仗着酒劲，不断按门铃，非要王某给个说法。这惊动了邻居们，民警接警而来，得知详情后，将林小姐劝回了家，建议双方在不影响他人的情况下，友好解决问题。虽然林小姐的做法值得商榷，但从她激烈的反应来看，作为谎言的一种，背后伤人的流言蜚语确实给她造成了极大的困扰和伤害。

再举一个例子。大林是一家公司的业务员，表现非常出色，深受领导赏识。可好景不长，部门来了一个新人小李，表面上对大林热情招呼，背地里却针对他。小李先是暗中打听大林的个人情况，然后编造了一些不实的消息，到处散布大林的坏话。有一次大林因为家中有事请假，部门的工作不免有一些耽误，小李就说是大林在故意逃避，面对工作的硬骨头不敢上。时不时地，小李还总暗示大林的能力不足，需要依靠关系才能获得重要的项目。这些流言蜚语在部门传播迅速，不少同事开始躲着大林，甚至连领导的态度都渐渐变了。大林苦苦解释，才总算破了这些子虚乌有的谎言。

现实生活中自然不乏这种用谎言毁人清誉的小人，而历史上还有不少喜欢用谎言挑拨离间的奸佞。寇准是北宋名臣，德才兼备，深得皇帝的赏识和重用。在辽宋作战时，他力促宋真宗亲征，达成澶渊之盟，使宋朝的损失减少到最少。但奸臣王钦若嫉恨寇准，他不顾客观事实，曲解澶渊之盟，对宋真宗说："城下订盟，为志士所不齿，而澶渊之盟正是在大敌临城时签订的和约。寇准孤注一掷，不顾我大宋的威严，不顾陛下您的颜面，城下立盟，这简直是奇耻大辱！"真宗听后，果然动怒。王钦若挑拨成功，寇准自此被皇帝疏远。

故意损害他人利益的谎言，除了以上这些背后伤人的离间诽谤之词，还有那种别有用心、刻意误导或打压他人的谎言。公元前202年，项羽被以韩信为首的汉军团团包围在垓下，西面楚歌之下楚军自项羽以下莫不以为汉军已尽得楚地，于是士气崩溃。项羽竭尽全力趁着深夜带领八百人马向南突围，希望能够渡过乌江到江东，在那里东山再起。汉军一路追杀，项羽在渡过淮河行至阴陵时，人困马乏，迷了路。在一个岔口，他面对眼前的左右两条路犹豫不定，就向一个农夫问路，那农夫别有用心地故意骗他说向左边走。项羽相信了他，于是率兵向左行进，结果被引到了沼泽地，以致耽误了时间被汉军追上。项羽于是又带着骑兵向东跑，到达东城，这时只剩下二十八个人。汉军骑兵追来的有几千人。自觉大势已去的项羽最终自刎乌江，楚国灭亡。原来，楚霸王的溃败身亡，竟跟一个农夫的谎言有关！

时间回到当下。在网络如此发达的时代，常会有人因为网络所特有的虚拟、隐蔽等特性，对自己看不惯的人或事进行毫无根据、毫无逻辑的指责或诋毁。微博、贴吧、论坛、网游、直播平台、视频网站、社交群圈……网络空间随处可见这类人。比如，一位拥有30万粉丝的测评博主，未购买、体验带货博主的商品，却公开发表大量负面测评及侮辱性言论。再比如，有商家因为在经营过程中跟合作对象发生一点误会而引发争吵，一怒之下，在同行微信群中恶意散播对方的不实言论，诋毁他人商誉。故意散播虚假信息、诽谤攻击、恶评……网络时代的谎言、谣言令人防不胜防，也给当事人造成了很大的伤害。当然，网络并非法外之地，一心想损害他人利益的说谎者、造谣者难免要付出代价。

总之，诋毁抹黑、挑拨离间、别有用心的谎言危害很大。生活中，如果我们遭遇了这样的谎言，一定要勇敢去识破、揭穿；同时，如果有人向我们兜售这样的谎言，也一定要注意甄别，以防被骗子利用。

◎ 为游戏取乐而说谎

人们可能会因为好玩、有趣而说谎。比如有人在愚人节的时候，告诉自己的同桌，“老师叫你去办公室”，等同桌发现被骗了之后，他们会大笑不止。伊索寓言《牧羊的孩子和狼》里面的放羊娃就是为了取乐而说谎的。在现实世界中，像放羊娃一样希望通过说谎取乐的人并不少见。有资料显示，英国的消防员每年得应对大约三万起恶意谎报的火警。这三万人大多是爱说谎的孩子，我猜他们是为了寻求刺激才这样做的。当然，为了取乐而说谎的不只有孩子，还有成人，并且造成的后果可能更严重。

2012 年 1 月 11 日上午 10 点，一男子为了取乐，拨打网络电话到青岛市一家五星级酒店，谎称其在酒店的客房内安装了一枚定时炸弹，将在半小时后爆炸。酒店报警后，公安机关派出包括反恐特警在内的百余名警力及十余辆警车对酒店内旅客及工作人员进行疏散，并关闭了部分酒店营业点。至当日下午 3 点 50 分，经过 5 个多小时的搜寻排查，排除有爆炸物的危险后，酒店才逐步恢复正常运营。无独有偶，2023 年 8 月 27 日晚，王某拨打了 119 请求救援，谎称在庆云县某小区内，朋友的手被电梯夹住了。由于王某有意隐瞒，导致消防人员费尽心思却迟迟无法确定王某的“朋友”到底在哪。最后，在请求民警给王某定位之后，消防人员才得知王某在说谎。因王某拨打 119 谎报求助警情，庆云县消防救援大队出警历时 2 个小时，出动消防车 2 辆、消防员 12 名，在庆云县多个乡镇及城区街道寻找目标。最后被抓获的王某却说因为“无聊好玩”才谎报警情。

上述案例中，说谎者都是为了寻求刺激，置他人与公众利益于不顾，谎报警情，造成了严重后果。其实，古人也喜欢说谎取乐，烽火戏诸侯就是其中一例，不过这次说谎造成的后果更严重。当时，周幽王是强大的西周王朝的统治者，他美丽而骄傲的妃子褒姒却始终未曾展露笑容。周幽王为了让褒姒开心，下令点燃烽火台，召集各地的诸侯前来驰援。烽火在夜空中熊熊燃烧，诸侯们看到烽火后，纷纷带领军队赶来。然而，当他们疲惫不堪地赶到时，却发现只是周幽王为了取悦褒姒而开的玩笑。诸侯们愤怒而归，褒姒却因此大笑起来。周幽王为博褒姒一笑，却失去了诸侯的信任。他一次又一次地点燃烽火，戏弄诸侯。而当真正的敌人来临时，烽火已失去了曾经的威信，西周因此灭亡。

实际上，日常生活中偶尔说谎开小玩笑倒无不可，但是一定要注意尺度和分寸。以上事例表明，有些人为了取乐而撒下的谎言已经明显突破了该有的理智和界限，对此，我们一定要引以为戒，不要把玩笑开得过火，否则很可能没有逗乐自己，反而惹来麻烦。

◎ 为了面子而说谎

为了不被人看低（不丢面子）或让人看得起自己（有面子），很多人喜欢吹嘘，隐瞒真相或刻意夸大自己。心理学家认为，像这一类的谎言通常源于人类的心理补偿机制。所谓心理补偿机制指的是个人所追求的目标、理想受挫，或因自己生理缺陷、行为过失而遭失败时，选择其他能获得成功的活动来代替，借以弥补因失败而丧失的自尊与自信。丹尼斯·特纳提出了 5 种不同的说谎动机，其中，为了自己的面子而说谎占比最大，为 55.2%。大多数情况下，说谎者只是用有些不太离谱的虚假信息为客观事实添枝加叶，以期望给别人留下更好的印象，为自己赢得面子。当别人问起月薪的时候，你有没有悄悄给自己涨工资呢？当做一件事情失败以后，你是否想尽力隐瞒真相，不让人家看到你的失败呢？一般来说，这类谎言的伤害较小，除非说谎者另有其他目的。说谎者为了面子撒谎，即使被发现了一般也不会有什么太严重的后果，顶多是落下爱吹牛的名声而已。但是常言道，“死要面子活受罪”，奉劝死爱面子的朋友适可而止。尤其是，当说谎者为了自己的面子，凭空捏造出一些“事实”时，这往往使自己陷入极其被动的局面。

有这样一个寓言故事。一个曾经到国外旅游的人，除了常向别人炫耀自己在国外的所见所闻外，还特别喜欢吹嘘自己在国外如何表现非凡。他对朋友们说，他在罗德岛上参加跳远比赛时，成绩好得无法想象，当时都没人敢与他相比。他还信誓旦旦地说，那天，罗德岛上的许多人都亲眼看见了，都可以为他作证。这时，一个旁观者插嘴道：“嘿，好汉，还要什么目睹证人，你就把这里当成罗德岛，再跳一次吧！”此时，你不难想象场面的尴尬和吹牛人的窘迫吧。

再举一个现实生活中的例子。有一年，江苏省某中学接到了来自北京的喜报——学校的某同学考上了哈佛。喜讯在当地引起了轰动，连乡镇领导也敲锣打鼓赶到这位同学家，赠送 7000 元助学奖金。然而，强烈的质疑声也逐渐蔓延。一网友称：“如果真的被哈佛录取，他应有录取通知书、经济资助安排、相关电子邮件等。”学校不堪外界压力，再三要求这位同学提供证据，但这名学生并没有拿出上述任何一个证明。在强烈的质疑声中，这位同学终于承认自己并没有被哈佛录取。尽管先前他曾向美国 15 所大学发出了申请，但均没有被录取。他感觉很丢人，为了面子，于是就编造了考取哈佛的谎言。不承想，撒下这个弥天大谎容易，要圆这个谎就困难了。

有研究者曾着重探讨了大学生说谎的动机。研究发现，有的学生把“生活需要谎言”“生活因谎言而精彩”这样的歪理奉为真理，很多谎言建立在这样错误的认知基础上。大学生说谎的原因大多是“想被别人喜欢”“不想被人看不起”“想被人夸奖”等，从中我们也能发现有为了面子而说谎的情况。希望自己被人尊重和认可是正当的心理需求，但这要通过积极、正面的方式去表达去追求，假如像上面故事中的同学那样，被“魔鬼”——虚荣心所驱动，想通过说谎的方式为自己赢得面子，往往得不偿失。下面这个例子也能说明这个道理。

陈某是一个虚荣心比较强、特别爱面子的人。因为自己在上海打拼多年，开了一家小公司，日子过得还算不错。每次逢年过节，他都喜欢弄得“阵势庞大”，浩浩荡荡地回家探亲。久而久之，一些亲朋好友都以为他在上海发了大财，很有地位。于是，大家有事都想请他帮忙，例如某家的孩子想找工作，谁家要来上海旅游，等等。尽管很多事情陈某无法通过自己的能力来解决，但他却为了不失面子，大包大揽，硬着头皮去找别人帮忙。刚开始还好，勉强应付得过来，可是时间久了之后，来找他帮忙的人越来越多，他不仅自己苦不堪言，连同身边的人也一并遭殃。经常替他解决问题的朋友肯定是烦了，就连他自己的公司都因为无暇经营，效益大不如前，濒临倒闭。

古代有一个故事也是关于为了面子而说谎的，颇具讽刺意味。战国时期，齐国有个人和妻妾共同生活。他每次外出，都说是吃饱喝足才回家。妻子问他，跟他一起吃饭的都是些什么人，他说都是有钱有地位的人。妻子对妾说：“丈夫每次出去，都是酒醉饭饱才回家，问是谁跟他在一起吃喝，总说都是有钱有地位的人。可是，从来也不曾见有显贵体面的人到家里来。我要暗中看看他到底去什么地方。”第二天清早，妻子便暗暗跟踪丈夫。可是走遍整个都城，也没有见谁停下来与他打招呼交谈。丈夫最后走到东门城外的坟墓中间，竟向那些扫墓的人乞讨残羹剩饭。感觉不够，又四下里看看，到别的扫墓人那里继续乞讨。这就是他天天酒醉饭饱的方法。妻子回到家中，把看到的一切都告诉了妾，说：“丈夫是我们指望依靠过一辈子的人，现在却是这个样子。”于是两人一起在院子里大骂，哭成一团。丈夫却一点也不知道，还得意扬扬地从外面回来，在妻妾面前大耍威风。

总之，是否要去识破一个为了面子而编造的谎言留给读者自己去做决定，但也敬告那些为了面子爱说谎的人，多一些真诚、少一些伪装可能会让自己的生活变得更加轻松和踏实。

◎ 为逃避惩罚和责任而说谎

人人都可能犯错，或做一些和道德准则或行为规范相违背的事，有时是有意的，有时是无意的。如果此时我们选择诚实，承认自己的错误或问题，很可能会给自己带来某种伤害或损失。因此，为了逃避惩罚、责任，我们就可能选择用谎言来掩藏自己的错误。例如，有学生在考试中作弊被抓，为了逃避处分，就很有可能表现出无辜和被冤枉的“受害者”姿态；当发生医疗事故，导致艾滋病传染时，有关责任人为了回避责任可能试图隐瞒医疗误诊事实；偷情也一样，为了避免伴侣发现，引发双方关系的进一步破裂或其他恶果的产生，偷情者喜欢编造各种谎言来逃避惩罚。在美国作家厄普代克的小说《求婚》中有这样一段情节，可看作此类谎言的生动写照——杰里（露丝的丈夫）无意中听到了露丝跟迪克（其情夫）电话时甜言蜜语的最后几句，这吓了露丝一大跳，她本以为他在后院松土，没料到他却在厨房里问：“谁打来的呀？”心里一慌，露丝急忙说：“没什么啊，只是主日学校的女士问我们要不要让乔安娜和查理报名。”

逃避惩罚和责任是一个强有力的动机，生活中很多人为此撒谎。有些人，工作中出了事端，犯下错误，不惜说谎欺骗，上下推诿，要么怪时势不顺导致工作失败，要么怪上级不够重视或下属办事不力。总之，自己是没有错的，有错的全是别人。在面对需要承担责任的时候，用谎言为自己遮掩，就像下面这个故事中的蝙蝠一样。

凤凰是百鸟的领袖。碰到凤凰生日，百鸟都来祝寿，只有蝙蝠没有来。凤凰问蝙蝠："别的鸟都来了，你为什么不来？"蝙蝠说："我有脚，能走，是兽，不归你管，所以我不必来祝寿！"接着是麒麟的生日。麒麟是兽中的领袖，百兽都来祝寿，蝙蝠仍旧没有去。麒麟也问蝙蝠："别的兽都来了，你为什么不来呢？"蝙蝠回答说："我有翼，能飞，是鸟，不归你管，所以我没有来祝寿。"有一次，凤凰和麒麟会了面，说起蝙蝠的事情，都叹了一口气，说："这蝙蝠真是奸猾！"

这种动机的谎言造成的影响不一，可能微乎其微，也有可能危害极大。我们来看一个为了逃避责任说谎从而造成严重后果的事例。2015 年 8 月 12 日，天津港发生火灾爆炸事故，造成 165 人遇难，其中包括 24 名公安现役消防队员和 75 名天津港消防员。对于造成如此之多的消防员牺牲的原因，事故调查组技术组组长杜兰萍做了说明。她认为，元凶应该是危险化学品——硝酸铵。按照规定，硝酸铵是不允许储存的，而是直取直运。但是事故发生前，涉事企业瑞海公司在运抵区违规存储了 800 吨硝酸铵。虽然火灾是由仓库存放的"硝化棉"局部自燃引起，但是之后的爆炸正是由于燃烧蔓延到邻近的"硝酸铵"等危险货物后才导致的。更重要的是，在消防人员向企业现场人员了解情况时，企业相关人员并未如实告知现场存有大量的硝酸铵。这导致消防队员不能对火灾的现场做出充分的危险预估，进而造成了重大人员伤亡。

再说一个例子。尼克·里森是金融历史上最有名的"魔鬼交易员"之一。1995 年全球最老牌的巴林银行破产，正是由于尼克·里森为逃避责任和惩罚不断说谎造成的。1992 年，28 岁的里森担任巴林银行在新加坡国际金融交易所的运营主管。由于新加坡办公室远离巴林银行高层，里森能够全权处理自己的工作。1992 年 7 月 17 日，里森手下的一个交易员误将应该买入的合约卖出，这个错误给公司造成了大约 2 万英镑的损失。按照规定，这样的损失应该立刻报告给英国总部的，但里森不愿受责，决定对上级瞒而不报。接着，又有交易员犯错，损失高达 800 万英镑。里森决定无论如何不能将真实情况报告给总部，而是凭借自己的各种隐瞒骗过巴林银行总部的审计，然后通过“暗箱操作”来弥补这个“大窟窿”。错误造成的影响像滚雪球般越来越大，使得他此后不得不经常性地采取掩饰交易失误、欺骗上司的做法，直到变成一种习惯性的行为。里森在挪用银行资金炒期货濒临失败时，陷入非理性的决策嵌陷里面，挪用了越来越多的银行资金，直至银行破产。1995 年，里森因欺骗巴林银行及新加坡国际金融交易所而获罪，被判刑期六年半。

总之，为逃避惩罚和责任而说谎，无论说谎对眼下造成的影响是大是小，通过说谎来逃避惩罚、推卸责任终究不是正确的态度，有时候还会造成严重的后果，需要引起我们的重视。

◎ 为保护自己说谎

有些人说谎是为了保护自己免遭伤害。伊索寓言里面就有一个这样的故事。一头驴子在牧场上吃草。突然，他看见一匹狼在慢慢向他靠近，便立刻装出瘸腿的样子，一瘸一拐地走起路来。狼来到驴子跟前，问驴子的腿是怎么瘸的。驴子回答说：“我过篱笆的时候不小心，脚上扎了一根刺。”他看见狼犹豫的样子，就劝狼先把那根刺拔出来，然后再吃他，免得吃的时候被刺卡住。狼对驴子的话信以为真，便举起驴子的腿，聚精会神地查看驴蹄。这时，驴子一脚踹向狼的嘴，把狼的牙齿都踹掉了。狼痛苦难忍，伤心地说道：“我这是活该，父亲只教过我做屠夫的本领，我自己为什么要行医呢？”

故事中的驴子就是利用谎言成功地保住了性命。现实生活中，自我保护可以从两个层面谈起，包括保护自己免受实质性的伤害和免受心理上的伤害。如担心说真话得罪领导，事后吃不了兜着走，为了保护自己，有人会选择违心地说谎，迎合领导的意思。第二个层面即保护自己免受心理伤害的情形更为普遍。当我们不想让别人知道自己的隐私、弱点或尴尬之处时，恐怕没有比说谎更有效的了。比如，有个小女孩脸受伤了，怕被人议论，戴上了口罩，却谎称戴口罩是因为自己感冒了。自我保护这类谎言和为了逃避惩罚而说的谎言，从动机上来讲很类似，都是为了保护自己。因自我保护而说谎的人，本身未必犯错，就像这个戴口罩的小女孩。但是因逃避惩罚而说谎的人，本身是做了错事的。讲一个用谎言进行自我保护的真实故事。

凯茜是一个法国小女孩。12 岁时，她开始上初中一年级。校长让孩子们填写自我介绍表。一位课程老师看到凯茜的表格上“父亲的职业”一栏空着，就在讲台上询问她没写的原因，凯茜透露自己没有父亲。然后全班同学的目光都聚焦在她的“特殊之处”上，这让她感到害怕，特别是老师又更深入地提出问题，要求她告诉同学们其父亲是何时以及怎样去世的。在接下来的课上，凯茜都谎填了父亲的职业。多年来，凯茜用谎言编织了一个经常出国在外的父亲的形象，从而为他人没有见过其父亲找理由。凯茜不仅在学校中说谎，在朋友面前、在后来的工作中也都是如此。

凯茜说谎主要是为了保护自己免受心理上的伤害。下面这个故事中，说谎者则主要是为了使自己免受实质性的损失。

法国著名女高音歌唱家玛·迪梅普莱有一处美丽的私人园林，每到周末，总会有人到她的园林摘花、捡蘑菇，有的甚至搭起帐篷在草地上野营、野餐，弄得园林一片狼藉，肮脏不堪。管家让人在园林四周围上篱笆，并竖起“私人园林，禁止入内”的木牌，仍无济于事，园林依然遭到践踏和破坏。于是，玛·迪梅普莱就让管家做了几个大木牌立在各个路口，上面醒目地写着：“如果在园林被毒蛇咬伤，最近的医院距此150 公里。”从此，再也没有人闯入她的园林，保护园林的难题就这样解决了。

通过以上事例我们也能清晰地发现，这类自我保护的谎言实际上对说谎者来说很重要，使他们免遭他人的歧视、骚扰、伤害等。

◎ 为使别人免遭伤害、尴尬而说谎

有些人说谎并非只是为了自己，也可能是为了保护他人不受伤害或者避免对方尴尬。比如，我们对母亲说："我最近工作特别顺利（即使我们已经被工作搞得焦头烂额了）。"这样说只是为了避免母亲担心。比如，当别人礼节性地问候"家里人都好吗"时，即使爸妈已经冷战数日，你也会回答"都好都好"；当我们对身边朋友说"是的，我非常想看一看你度假时拍的照片"的时候，心里却在祈祷他相机里面的照片千万不要超过 100 张；老公对你说"你最近的身材堪称完美"，可能真实的想法是不忍心见你每天节食减肥，饿得头晕眼花；"你的报告真精彩"，你会这样告诉同事，即使当他做报告的时候，你得通过在会议桌下玩游戏而保证自己不睡着；当朋友问你"我新买的夹克怎么样"时，为了不让对方尴尬，即使你觉得她这身装扮让你想起了你家的鹦鹉，也会说"挺适合你"。在这类谎言中，人们的目的是帮助别人达到更好的生活状态，或者减轻对对方的伤害。所以，这类谎言带有很大的善意，是维持人际关系的一种方法，所以通常被称为善意的谎言，也称为美丽的谎言。

有一点要清楚，保护别人免遭伤害并不是帮助别人逃避惩罚，如果对方确实犯下过错且不能轻易谅解，你用谎言帮他掩饰错误，不能算作善意的谎言。比如，帮助犯罪的亲人在法庭上作伪证，这不叫善意的谎言。如果对方是对你犯了错，而你选择原谅他，并且怕他自责，选择说谎，那可以算作善意的谎言。

另外，需要警惕的是，有人喜欢假借"善意的谎言"招摇撞骗。传销人员解释传销是否需要骗亲戚朋友时会这样说："谎言是有善意和恶意之分的，我们只不过用一个善意的谎言，让你来干一个赚钱的事业而已。骗你两年以后，你成了百万富翁，是不是很高兴？所以善意的谎言不叫骗！”这纯属赤裸裸的诈骗，哪是什么善意的谎言！千万不要上当！接下来，请读一个故事。如果下次再有人想用“善意的谎言”做托词，你可以琢磨一下，他是否真如故事中的雨果那样善良。

雨果和巴尔扎克是世界上两位伟大的作家，也有着深厚的友谊。有一次，巴尔扎克去雨果家里做客。雨果让巴尔扎克到处看看，于是巴尔扎克参观了雨果的住所。当他在雨果的书房走动时，只听见一声“巨响”，原来是巴尔扎克把雨果的笔筒蹭到了地上，看到这个被摔得四分五裂的笔筒，巴尔扎克难过极了，因为他知道雨果很喜欢这个笔筒，也知道这个笔筒很昂贵。于是他告诉雨果自己不小心把这个笔筒弄坏了，希望可以得到雨果的原谅。这时，雨果大笑了起来，说：“没关系，这只是一件赝品，不值钱的，我可以改天再买一个……”听到朋友的解释，巴尔扎克这才松了一口气，没有刚才那么难过了。

其实这个笔筒是一件无价之宝，是雨果的心爱之物。即使这个笔筒已经被摔坏了，雨果还是把它收藏起来。为什么先前雨果跟巴尔扎克说这个笔筒不值钱呢？原来雨果是怕巴尔扎克知道真相后心怀愧疚，雨果认为这个笔筒远远比不上两人的友谊，所以才向巴尔扎克说了这个善意的谎言。

◎ 有效掩饰发问的意图

有时候我们发问却听不到真相，是因为我们发问的方式有问题。就比如：“我穿这双红鞋子好看吗？”“我新买的羽绒服怎么样？”“你觉得我比以前是不是更精神了？”“这个方案够棒吧？”这样发问很容易诱发回答者说出谎言，以满足提问者的心理需求。许多时候，人们都想说出真相，但是如果你这样提问，对方选择说谎更容易，也会让你更高兴。

本章内容进行到这里，你一定知道了，说谎肯定有动机，基本上都是趋利避害，而达到自己的某种目的。当下属认为你已经对方案二情有独钟时，为了让你产生英雄所见略同的印象，他很可能也假装认可你的观点，说一番方案二的好处，虽然他明明认为方案一更优秀，甚至对此还有一番独到的见解，但也选择不说出口。当丈夫听出你发问时的喜悦时，就知道你对那双红鞋子着了魔，为了让你高兴或者避免尴尬，作为服装设计师的他虽然眼光不俗，认为旁边的蓝色鞋子更配你的礼服，还是点头认可你的选择。真相就无从得知了。换句话说，如果人们认为你想听到什么样的答案，那么不管他们自己是否相信那个答案，都会如你所愿地说给你听。也可能发问者本身就没有想要听实话，只是希望对方附和自己，认可自己的某项决定或者取得的某种进步。

但是，假如你确实是在真诚地征求对方的意见，希望对方据实以告，说出内心真实的想法，那么有一招可以帮到你，那就是有效掩饰发问的意图。简单来说，如果对方不知道你要的是什么，他就无法欺瞒你。不妨看看以下的例子，并且留意每个范例中的第二个句子，看看它是如何有效地掩饰你的发问意图的。请注意，发问时，你需要根据你的目的来选择适当的语气。

“老婆，要替你煮晚饭吗？”或者“今晚在家吃还是下馆子？”

“我想把张明调到我们这组，你觉得他怎么样？”或者“你觉得张明怎么样？”

“老张，公司正在调整职务，进行轮岗。你想不想到我们质检部，做我的副手？我们一起打拼。”或者“公司正在轮岗，你听说了吧？老张，要是让你选，你是希望积累质检方面的经验，还是多接触营销工作呢？或是到物流部？我听说那边也可以选。”

在第一组问题中，你知道你温柔的妻子总是很体贴很勤快，作为家庭主妇，不愿意让工作了一天的你下厨房做饭，你看她今天状态似乎不是很好，想替她做饭。但是如果你用第一种方式发问，她很可能会说："不用不用，还是我做吧。"你很难判定她说的是真是假，她的状态到底怎么样。但是，如果你用第二种方式发问，要是她状态其实还不错，又知道你平时不太喜欢在外面吃，很可能会说："我很快就做好了，在家吃吧。"她要是今天状态不好，又不想让你做饭，见你有去外面吃的兴致，很可能会回答说："不然晚饭去外面吃吧。"那么，你就知道了，她今天应该是有些累了。要不要去外面吃可以再定，但通过这种方式发问，你知晓了妻子更真实的状态。

在第二组问题中，你上来就说想把张明调来，下属就知道了，你对张明是比较认可的，接下来的回答也就很可能附和你的意见，或者他认为张明来这组对他目前的工作地位有影响，可能会故意说张明的坏话。总之这种情况下，你想从他嘴里得到他对张明的真实评价就很难了。但是，如果你采用第二个句子，直接问他张明这个人怎么样，他不知道你到底想干什么，是张明得罪你了你要调查他，还是你很欣赏他要重用他，还是你想把张明介绍给你的表妹，来问问他的看法。总之，这个时候，对方很可能会比较客观地说出他对张明的看法，而不会想到迎合你的意见。

同样的，在第三组问题中，作为好朋友，你希望在公司其他部门的同事老张能来你们质检部，但是你更重视老张自己的想法，不希望勉强他。要是按照第一种方式发问，老张已经知道了你的意图，想让他来质检部工作，如果他本身并不愿意，但见你盛情相邀，碍于彼此的面子，有可能违心地说来质检部挺好。这样你就听不到真话了。或者他觉得不能为了面子影响自己的事业发展，觉得应该尊重自己内心的想法，但由于回复不当，可能对你们之间的关系造成一定的影响。不过，假如按照第二种方式来发问，则完全不必担忧碰上这两种问题。老张会很热情地跟你分享他的想法，发表他的意见。这样你也就能真正了解老张到底是怎样想的了。

这样的问话方式，也可以被用来买东西。你知道，如果一个人没有说谎的理由（也就是动机），你很可能得知真相。所以，你要在对方找到一个说谎的理由之前，要求他说出真相。买东西时，当你向售货员表达了购买的意愿之后，再向他询问商品的质量，就不是时候了。原因何在？因为他可能认为，此时说谎对他最有利。但是，如果你在表达购买兴趣之前，先若无其事地询问产品的质量，那么，诱使他说假话的动机就不存在了。

◎ 洞察说谎者的动机有助于得到真相

影响人们说谎的动机有内在因素和外在因素，最大的内在因素是需求和内驱力。比如说，小偷偷了某物，却说自己没有偷，因为某物对他来说充满了诱惑，获得某物就是偷盗的诱因。诱因通常可以分为两种，一种驱使人们接近并得到某物，另一种驱使个体远离某物。比如人们做错事而不想被惩罚，就会选择说谎，让自己避免惩罚。由此可以看出，动机是由需求与诱因共同组成的。所以当有人说谎的时候，可以先了解一下他的需求或是对他有诱惑的事物，而后顺藤摸瓜，也就知道说谎发生的原因了。然后再以此为突破口，对外部环境进行调整，变更他的需求，使得说谎者被迫做出反应，从而获得真相。接下来，我们看看所罗门王是如何通过这个方式智断疑案的。

所罗门王聪慧过人。一天，有两个妓女抱着一个男婴来到所罗门王面前。一个说："我与这女人同住一屋，我生孩子后的第三天，她也生了一个孩子。夜里她睡着的时候把孩子压死了。她发现孩子死了，趁我熟睡之机，把我的孩子换了去。早晨醒来后我给孩子喂奶，发现孩子死了，仔细一看，这个死了的孩子不是我的，我的孩子被她偷偷换去了！”这一个还没说完，另一个又抢着说：“不，活着的孩子是我的，死了的孩子是她的。”两人争得不可开交。

所罗门王眉头一皱，突然计上心来，吩咐卫兵拿把刀来，准备将活孩子劈成两半，让她们二人各得一半。其中一位听后惊慌失措，大哭着请求所罗门王道：“求您别杀他，只要留下孩子的命，我就不争了，这孩子就归她吧。”另一个女人却说：“我要不成，你也别想，劈了算了。”根据这两个女人不同的行为表现和态度，所罗门王指着那位要保住孩子性命的女人，肯定地说：“她才是这个活着的孩子的母亲！”

你能看出所罗门王断案的技巧吗？首先，他先是了解了这两个女人的需求，即都想得到孩子，只不过其中只有一人是孩子真正的母亲，而另一个是假冒的。接下来，他试图破坏现状，命令士兵将孩子劈开，一人一半。此时，说谎者的需求发生了变化，孩子要不成了，可是即使孩子要不成，也不能承认说谎，现在自保最重要了。孩子的死活已经不重要了，但最好也别让对方得到孩子。说谎者的逻辑是这样的。所以才说出了“我要不成，你也别想，劈了算了”这样没心没肺的话。而孩子真正母亲的反应则不同。眼看自己的亲生孩子要被所罗门王给劈成两半，她不忍心再争夺孩子的抚养权。她此时的需求也发生了变化。从要回自己的孩子变成了让自己的孩子活命，谁养孩子已经不重要了。所以，她才会说出“求您别杀他，只要留下孩子的命，我就不争了，这孩子就归她吧”这样的话。而所罗门王正是希望通过破坏现状，以观察真正的母亲最该有的反应，从而找到真相。说谎者也因此露出了狐狸尾巴。这种方法在日常生活中也有用武之地。在下面这个故事中，妈妈的做法实际上跟所罗门王智断疑案也有异曲同工之处。

小杰是一名 14 岁的初中生，他对学习一点也不感兴趣，为了逃避上学，他屡次装病。为了改掉儿子逃学的坏习惯，小杰的妈妈便使出一招将计就计，揭穿了儿子的“阴谋”。这一天，小杰又对妈妈说，自己生病了，不能上学要休息。小杰的妈妈很怀疑，因为每次小杰总是一大清早生病，而等他与丈夫下班回家时，儿子并没有在家休息，而是玩到很晚才回家。“生病了，我们就去医院看病。”小杰的妈妈说。随后，她向单位请了假，又悄悄给在医院当护士的同学张丽打了电话，然后驱车带着儿子来到医院。“是有点低烧，打一针退烧药就可以了。不过，如果正常人打后副作用非常大，反而对身体有害。”听了张阿姨的话，小杰直喊：“我没病。妈妈，送我上学吧。”最后，小杰低着头，红着脸承认了自己装病逃学的错误。“妈妈，我错了，我以后再也不敢装病了。”

妈妈没有纠缠在小杰是不是真的生病了这个问题上，而是让同学配合演了一出戏。她的逻辑是这样的：孩子要是装病，无非是为了逃学，断不会拿身体健康开玩笑。如果儿子真的病了，听到护士的话自然不会在意，任由护士打针；可是如果儿子是在装病，那么听到护士的话，自然不会为了逃学，而让自己的身体受到严重伤害。此时他的需求就已经由逃学、逃避妈妈的惩罚，变成了保护自己的身体健康。妈妈的做法逼得他必须做出反应，坦白真相。这跟所罗门王的做法难道不相似吗？他们二人在寻找一件事情的真相时，都对外部环境做了重大改变，使得说谎嫌疑人的动机发生变化或者消失，从而露出破绽或主动坦白。总之，这都说明了一个道理：洞察说谎者的动机有助于得到真相。

第三章 | CHAPTER 3 |

认识说谎者

> 有不说谎的人吗？你是一个高超的说谎者吗？男性和女性谁更会说谎？哪些孩子爱说谎？谁更好骗？……在本章中，你不仅会找到上述问题的答案，而且还会得到科学研究的证据和解释。

◎ 每个人都是说谎者

法国作家沃弗纳尔格认为："人人生来都是纯真的，但每个人死去时都是说谎者。"对于我们来说，不说谎是很难做到的，甚至是不可能实现的。如果人人大脑中都安装了一个可以检测说谎的计算机芯片，一说谎就报警，那么世界上将无安宁之所。不信的话，请读读下面这个事例。

一位加泰罗尼亚人卡塔尔·莫罗尝试了整整一年不说谎。他的尝试是在德国哲学家伊曼努尔·康德的思想指导下进行的（康德认为尊重真相是绝对的道德要求）。他之所以要进行这样的尝试是受到了哥哥双重谎言的刺激：哥哥不仅隐瞒了自己与变性人结婚的事实，而且这对“新婚夫妇”还假装怀过孕并谎称孩子在出生后就去世了，直至真相大白。

卡塔尔·莫罗在博客上写下了自己戒除谎言的经历，同时也坦承在这一年中说过三次谎：第一次是当他正在浴室里和妻子亲吻时，他没有如实回答孩子的问题——他在里面做什么；第二次是他不敢告诉妻子他变胖了；第三次是对他的母亲隐瞒了一个工作上的困难。

这次尝试让卡塔尔·莫罗得出结论：一个人绝对不说谎是不可能的。如果你也有兴趣进行这样的尝试，我相信你会得出跟他相同的结论。实际上，从人作为高级生物这一角度也能说明这个问题，因为自然界就存在着形形色色、大大小小的“说谎”生物。

变色龙作为动物界的说谎代表，通过改变肤色与周围的环境融为一体。河豚在遇到危险时，将身体鼓胀起来（让身体充满暖空气），使自己看起来更有威胁性。而且动物越高级，它们的谎言就越复杂。狒狒的社会里存在着一个麻烦的问题。雄狒狒不喜欢分享食物，雌狒狒却喜欢不劳而获。因此，当雄狒狒猎得一头羚羊时，雌狒狒为了取得食物，便会前来色诱雄狒狒。雄狒狒中了美人计之后，雌狒狒会迅速地抓起食物，扬长而去。再比如，一只名叫“科科”的大猩猩能够用手语和人类交流。有一次，它弄坏了一个不锈钢水槽，面对管理员的斥责，“科科”用手语撒谎冤枉它的宠物猫，说水槽是小猫弄坏的。

植物也是说谎的艺术家，比如在非洲荒漠上，有一种叫生石花的植物，在不开花的干旱季节，它们就会像变魔术一样把自己变成一颗颗“石头”，成功骗过食草动物的眼睛。而到了雨季，这些掩人耳目的生石花就会摇身一变，从石缝中开出色彩艳丽的花朵。甚至于，就连病毒这样一种构造简单到难以被当作“生物”的有机体也会通过“说谎”骗过宿主的免疫系统。

可见，那些擅长“说谎”的生物总是生存得更好，繁衍得更顺利。而人类要想在自然界更好地生存下来，怎么可能不说谎呢？早在一万七千年前，比利牛斯山脉洞穴中的壁画就描述了这样的一个情景：一个猎人使用鹿皮和鹿角将自己伪装成一只驯鹿，从而使自己更容易混进鹿群。德国社会学家阿诺德·盖伦曾指出：人类是具有许多缺陷的生物，比起其他许多生物，我们既弱小又缺乏速度，因此若想要在充满未知的远古时代里存活下来，人类就必须妥善运用自己的智力，设计出各种有效的陷阱或圈套；换言之，就是要发展出足以与其他物种抗衡的欺骗技巧。

人类不断进化，说谎的天性也已经根深蒂固。于是，先前发展出来的种种说谎本领，顺理成章地被运用到了人类自己身上。英国作家奥斯卡·王尔德相信，人类社会的第一个骗子是“那个没有外出进行野蛮的狩猎，却在日落时分向四处为家的穴居原始人瞎掰，说他在一对一的格斗中撂倒猛犸象的人”。

事实上，那些不会撒谎或是不能发现谎言的人在社会中处于非常不利的地位；甚至有一些证据表明：这些人的大脑发育并不健全。西蒙·巴伦－科恩教授（剑桥大学孤独症研究中心主任）说：“对于患有孤独症的儿童而言，现实世界只有唯一一种形式，而对于其他的表现形式（例如信仰和意念），他们并不在意，或者是对其理解得太慢了。这向我们展示了一个非常重要的事实：如果我们想在现实世界中克服障碍得以生存的话，我们必须具备一些技能——揣摩他人心思，分析隐藏在语言内部的深层含义，而学会撒谎正是表明一个孩子真正具备了典型社会技能的标志。”

尽管大家并不喜欢这种说法，但事实上谎言确实是人类交往中的一个重要组成部分。无论是从现实生活来看，还是从人类进化的过程来看，人是不可能不说谎的。想要成为一个识谎高手，对此要有明确的认识。任何宣称自己从不说谎的人，本身就在说谎。

◎ 说谎者的类型

一个人每天会说几次谎？美国一份杂志《个性与社会心理学杂志》提到我们平均每天会说两次谎，而英国的一项调查则显示我们每天说谎的次数多达六次，相当于每年说两千多次谎。不过，这两项调查距今差不多二十年了。随着时代的发展，社会的复杂性、人性的欲望以及生存技能都随之增强，所以当今社会普通人每天说谎的次数应比六次略大。一般来说，在越复杂、越压抑或者竞争力越强的环境下，说谎的次数肯定也越多。

如果按照说谎频率来给说谎者分类的话，生活中多数人都属于偶尔说谎者。他们既不习惯也不善于说谎，但因各种需要或迫于压力不得不偶尔为之，目的在于保护自己、得到自己想要的或逃过惩罚。有时也为了礼貌或避免冲突而说一些善意的谎言。这类人在说谎时比较容易露出破绽。言辞中不仅容易前后不一或不合常理，而且眼神、表情、动作都可能难以控制。

有类人属于经常性说谎者，生活中也不少见。他们要比偶尔说谎者说谎的频率高，通常不会觉得谎言有太大不妥，或习惯找出各种理由为自己说谎做合理化的解释。相对于偶尔说谎者而言，经常性说谎者说谎时的恐惧感、愧疚感等会弱许多，自我控制能力也较强，因此较难发现他们说谎的破绽。举一个真实的例子。有一名在押冯姓罪犯向负责管理他的民警王警官表达了自己对妻子和女儿的担忧：女儿患了白血病，当时自己和妻子在带女儿去看病的路上被警察抓获，判决之后到了异地服刑，妻子当时也没有手机，失联已经半年有余，这母女俩现在音信全无。该罪犯讲得跟真的一样，不怪王警官信以为真，决定帮助他了解他妻子和孩子的情况。王警官为此费尽心力之后才发现自己上当了，该罪犯根本就没有结婚，他所说的“妻子”和“生病的女儿”是另外一个服刑人员的家属。一个移花接木的弥天大谎竟然一时把王警官骗得深信不疑。从这个罪犯说谎的功夫来看，他就属于经常性说谎者。

还有一类人属于习惯性说谎者，不过这类说谎者较为罕见。他们说谎时几乎没有任何破绽，极难被人察觉。但他们有一个致命弱点：一个谎言往往需要几个甚至几十个上百个谎言去圆谎才可能让别人相信。当然，被察觉也是迟早的事。其中相当一部分人属于精神病患者，具有无法分清现实和理想差距的心理特征。

最后，还有一类人属于职业说谎者。因工作或职业需要，刻意、主动说谎是这类说谎者的典型写照。职业说谎者的目的性很强，事先会研究所欺骗的对象，根据他们的特点并有针对性地迎合他们的兴趣爱好。然后编造谎言并加以练习，直到把自己变得出口成章为止。这一类大部分的说谎者，都经过培训和演练，所以说谎时露出的破绽也不多。大部分职业说谎者都会经常说谎。就拿政客来说吧。西方社会里有则笑话这样讽刺政客的不诚实:“请问你知道透过什么迹象最能准确地看出政客在说谎吗？答案就是：只要他们的嘴唇在动。”对于这类调侃，一位德国的政治人物康拉德·阿登纳曾经“诚实地”辩解道:“我对民众所说的事，并非全部都是谎言。”职业说谎者，也是撒谎高手。比如，诈骗犯不但演技了得，更是洞悉人性，堪称民间“心理学家”和“表演艺术家”，如果你对他们的形象不是很熟悉，可以参考赵本山在小品《卖拐》中饰演的“大忽悠”。因此，对于职业说谎者来说，恐怕我们需要注意的不是他说的哪句话是谎话，而应该关注到底哪句话值得相信。

◎ 在不同人际关系中遭遇说谎者

我们可以把在生活中与我们接触的人大体分为四类——亲密关系、私人关系、社会关系和公共关系。每种关系对我们都有不同的意义，而且我们与不同的人维持不同的关系。在不同人际关系中遭遇说谎者对我们的影响是不同的。请注意，这里所说的是比较严重的欺骗行为。

与我们保持亲密关系的人包括父母、爱人、孩子、兄弟姐妹、其他亲戚等。他们最有可能深入地了解我们的目标、我们的梦想以及我们的成功与失败。他们还会尽情地与我们分享欢乐并分担我们的痛苦。实际上，他们本身就积极地参与我们的生活。在这群人中有着一条不成文的规定，也就是成员之间有着最基本的信任，互相以诚相待，并忠诚地维护和支持对方。但是，当亲密关系受到威胁时，人们可能放弃坦诚，用谎言加以维系。美国加利福尼亚大学圣巴巴拉分校的社会心理学家贝拉·德保罗研究发现，相较于对家人，我们的确会对陌生人说更多无关痛痒的日常谎言。但当话题涉及像婚外情这样能对当事人造成很大创伤的事件时，人们会更多地欺骗亲近者。德保罗等人的研究显示，在来自社区的参与者中，有53%的“严重谎言”是对亲密伙伴说的，而在学生群体中，这个比例升至72.7%。当然，如果出现严重不诚实的情况会造成当事人巨大的精神痛苦。说谎者背叛了那些对他充满信任和信心的人。这有可能使被骗者形成难以愈合的伤口。前面提到的卡塔尔·莫罗之所以要下决心戒除说谎就是由于哥哥严重欺骗行为的刺激。还有人说，最让人心疼绝望的事，就是爱人的背叛！ 总之，在亲密关系中出现的严重欺骗行为会给当事人造成巨大的伤害。另外，在这两者之间也最不好掩盖欺骗，因为他们互相了如指掌，知道对方行为背后的含义，容易看穿谎言。

与我们有着私人关系的这群人包括我们的好朋友，以及经常在娱乐休闲时相处的人。有可能是工作时的同事、大学同学或运动队的成员，还有可能是一些经常与我们聚会的哥们、关系不错的邻居，等等。私人关系与亲密关系有着不同的规则。在这个朋友圈里发生的欺骗会造成一定的心理痛苦，但是与和自己有亲密关系的人相比，你与他们之间的关系不会延续一生。随着人的成长与变化，会在不同时期结交不同的朋友。以前的朋友失去联系不会造成像与父母、配偶和兄弟姐妹之间疏远那样的痛苦。著名主持人朱丹曾在参加综艺节目《爱的修学旅行》录制时，自曝被一个好友骗光了积蓄。我相信她遭遇这样的对待一定也很痛苦，但与至爱之人造成的伤痛刻骨铭心不一样，就像她说的“我知道我不会原谅你，但如果你能说一句对不起，也许我愿意就此忘记”。一个时常行骗的人，会发现自己很难获取大家的信任。

我们与临时和我们有交往的人群保持着一种社会关系。这些人可能是街对面便利店里的老板，可能是菜市场里的商贩，或者是与你儿子同班的孩子的家长，也可能是你在谈生意时结交的商人、为你剪头发的理发师。我们因为某种需求与他们建立了这种临时的关系。当发现对方欺骗我们时，我们很可能会毫无顾忌地终止与他的关系，甚至当面告诉他我们对他的怀疑，以维护我们的利益。在这组人中，你不能保证互相之间诚实相待。你要做好有人会骗你的准备，你要做好一切恰当的预防措施以保护自己。因为这种关系的临时性恰恰是你要警惕的地方。如果你对他们过分信任就有可能付出很大的代价。当然，你也不会对陌生人没有丝毫的警惕。

最后一组人，也就是剩余那些没有提到的人，他们组成了我们说的“公共”关系。其中包括政客、体育明星或娱乐明星等，还有一些我们只能在远处观望他们行为的高层次人物。

假如这类人中的某个人被指责有欺骗行为，我们通常会感到惊讶——原来他是这样的人，但我们并不会感到失望（一些粉丝可能会）。我们会认为这些人与我们没有什么直接的关系，对我们的生活不会有什么直接的影响。实际上，我们应该非常重视他们的错误。如果没有普通人的支持，他们不会取得他们的社会地位。这些人体现了我们心目中的公众人物、领导者应具有的形象和品质。若不大声阻止那些荒唐的欺骗行为就说明我们赞成再发生同样的事情。

◎ 婚恋中的说谎者

唐代诗人元稹用一句“曾经沧海难为水，除却巫山不是云”道出了对爱情的忠诚。你是否认为恋人之间会绝对诚实？现实情况并非如此。研究发现，恋爱中的人在互相交流中有三分之一的时间在说谎，这可能比欺骗其他人的时间还要多。此外，英国的一项研究指出，在吸引阶段，每三次语言交流中就会出现一个谎言。毫无疑问，这一阶段就是容易产生对现实的美化现象。在交友网站上，谎言尤为常见。在这些以爱情为目的的对话中，很多参与者会谎报年龄、出身，有些人甚至谎报性别。也许正是由于恋爱期谎言丛生，未婚女性识谎能力要远高于已婚女性。不是说一个人结婚后会变笨。真正的原因在于女性未婚前如果不足够小心，一旦遇人不淑，所付出的代价往往会远高于已婚女性。当然，同样需要保持警惕的还有男士。

幸运的是，“十年修得同船渡，百年修得共枕眠”，结婚以后，伴侣之间的说谎的次数会大大减少，但是也有十分之一的交谈当中存在欺骗。国外的一份调查研究显示，伴侣在我们最常说谎的对象中只排在第四位（第一位是父母），但是谎言是对另一半不忠，是对伴侣关系破坏性最强的因素。一般来说，说谎是为了不失去对方。但是如果发生了出轨等严重的欺骗行为，两个人的关系很可能毁于一旦。

无论一个人的婚姻或恋爱质量如何，绝大部分的人都非常在意自己的爱人是否出轨、背叛。出轨很可能导致彼此间的信任感荡然无存，重新恢复双方的信任往往是一项非常艰巨、漫长的工作。多数的出轨出自偶然，而非出自计划，是环境因素导致人的情感失衡所致。一个人遇到自己喜欢的人或者两个人在一起的时间过长（如办公室恋情）导致对对方的感情逐渐地倾斜，再加上与自己爱人的感情出现障碍而对对方产生失望或怨恨。无论出轨的具体原因是什么，当事人都会发觉第三者比自己的爱人更好，更能让自己感觉幸福和快乐，或至少可以让自己暂时忘却烦恼。要知道，人在面对诱惑时最自然的反应不是抵抗，而是在诱惑中屈服。因此，仅靠道德约束和人的意志力来预防出轨效果并不好，尽量避免或减少可能导致出轨的环境和条件才是较有效的方式。那么，哪种人最容易出轨呢？喜欢冒险刺激的人比那些胆小保守的人更容易出轨；异地夫妻或恋人出轨的机会多，真正发生出轨的可能性也越大；性欲越强、外在魅力越强的人出轨的可能性越大；遭遇感情危机的人也更容易出轨。

一个人行为和感情上的突然变化是出轨最显著的特征。出轨的征兆包括：经常借口外出甚至夜不归宿、两人共处的时间突然减少、对性生活的兴趣顿减、信息突然变多、突然爱上某个新的活动、电话长时间联系不上等。事实上，一个人出轨时会同时展现包括上述的多个特征，最明显的信号其实是两个人心与心的距离明显增大。非常讽刺的是尽管所有的出轨者都小心翼翼地遮掩自己，多数遭遇婚姻背叛的人也会有意无意地逃避自己伴侣或爱人已经出轨的事实，但大部分的出轨被揭穿纯属偶然。这样的例子包括丈夫或妻子提早回家，无意中发现了奸情。当发现另一半背叛自己时，一定要保持冷静，分析婚姻中产生的问题然后共同解决，不要带着情绪做决定。

婚恋中的说谎者还有那些骗婚者。正常的婚恋交往，是不以非法占有对方财物为目的的，即便在交往过程中有所欺骗，但其目的往往是博取好感维持关系，最终达到缔结婚姻的目的。而骗婚，一般是指以婚姻为诱饵诈取他人财物的行为。这种行为已经不仅仅是普通的说谎了，更属于违法犯罪。一些不法分子以结婚为幌子，利用婚姻的方式索要见面礼、介绍费、结婚彩礼诈骗受害者钱财，然后以各种理由“退婚”、寻机逃离，最终达到诈骗钱财的目的。近年来，以婚恋为名的诈骗犯罪屡见不鲜，其中既有直接通过转账、消费获取财物的情况，也有诱导投资、炒股、博彩的“杀猪盘”型诈骗。对此，必须引起高度警惕。

总之，在婚姻爱情里也有谎言甚至是背叛，说谎者从来就没有缺席。甚至还会有打着爱情的名义诈取财物的骗子。在我们享受婚姻爱情带给我们的幸福时，也要对此有所警惕。当然了，婚姻、恋爱中，更多的是那些充满了爱意和善意的谎言。就有人曾这样说道：“因为‘谎言’，我把幸福紧紧地抓在了手中，我会夸老公比以前更有魅力，尽管他的白头发一年比一年多；我会称赞老公是家里的‘全能王’，虽然有些旧家当我真的很想换了；我会告诉老公，离开他我都不知道怎么办，其实我的收入并不低……”当然，婚姻更需要绝对坦诚还是善意的谎言，这个问题，就留给每个婚姻的经营者自己去思考。但是古人“我欲与君相知，长命无绝衰。山无陵，江水为竭，冬雷震震，夏雨雪，天地合，乃敢与君绝”的爱情誓言值得我们每一个当代人铭记。

◎ 哪些孩子喜欢说谎？

许多人认为孩子天真无邪，不会说谎，这恐怕是一个误解。在科学家所做针对儿童谎言的研究中，所有的研究结果都显示儿童最早在 2 岁时就学会了说谎。孩子说谎的动机与成人大致相同，但主要是两种：第一，做错事免受处罚；第二，得到某种喜欢的东西（也可能是不想做父母叫自己做的事）。有一则笑话可以看出孩子说谎的粗陋简单。一个孩子把要交给老师的秋游费用100元在路上偷偷花掉了两块，老师让他第二天将差的两块钱带过来。这个孩子放学回家后就问父母要，父母问已经给了一张100元的人民币了，怎么又少了两块呀？孩子却回答说，那两块钱丢了。两块钱从百元钞票上面不翼而飞了？

不过，随着年龄的增长，孩子说谎的能力也逐渐加强。到十五六岁时，青少年的说谎能力与成人比较已经相差无几。大多数的成人都有低估孩子说谎的倾向，判断孩子说谎的正确率尚不及50%，这个数值要比判断一般人说谎的正确率低。尤其是在复杂、艰苦环境下长大的孩子一般会比受宠爱、在顺利环境下长大的孩子更喜欢说谎，也更善于说谎，也更善于辨识谎言。这是因为孩子在复杂、艰苦的环境下往往需要靠谎言和较高的察言观色能力才能让自己更容易生存下来。之前我们提到的法国小女孩凯茜因为父亲去世，不想被人歧视，就经常说谎来保护自己脆弱的自尊。同样，在暴力环境中（例如，一个酗酒的父亲有时会殴打其妻子和孩子的家庭环境），为使自己不受伤害，孩子有时除了说谎别无选择。有些孩子是在单亲家庭中长大，或者所在家庭矛盾重重，这些孩子的家境可能不错，但复杂的环境有可能已经让他们说谎的水平大大超过同龄人。尽管还没有达到炉火纯青的地步，准确辨识却绝非易事。

另外一种比较喜欢说谎的孩子来自过于严格、苛刻的家庭。在这种家庭氛围下，只有努力达到父母严格的要求才能被接受。当孩子无法达到父母的期望值时，为了不让父母伤心、失望，为了逃避惩罚，他们很自然选择说谎来遮掩自己的不足和错误，或习惯性地想方设法把自己本应承担的责任归咎于他人或环境。隐瞒在这样的家庭尤其普遍。实际上不论父母是否批评，孩子在做错事以后，心理总会产生压力，本能地就想掩饰错误，逃避惩罚。此时，如果父母要求又过于严格，孩子说谎往往是不可避免的。

这种严格、苛刻有时还表现在父母过分担心自己孩子的安全和健康成长，希望孩子完全按照自己的行为标准和价值观去做事。这也会导致孩子通过说谎来获取空间。一个16岁男孩的心里话将给这样的父母一定的启示："如果我不对父母撒谎，我几乎完全没有可能走出家门去做自己想做的事，因为他们根本不接受可以帮助我个人成长的那些很正常的活动。对他们来说，大部分离开家的活动都太危险了。"可想而知，这样家庭的孩子能不喜欢说谎吗？而他们又是真的喜欢说谎吗？

所以说，构建温馨、宽松、民主、和谐的家庭氛围有助于孩子健康成长。孩子可以感受到家庭的温暖，不必用谎言去保护自己。尽管父母有原则、有要求，但父母对自己的接纳和关怀是无条件的；同时，在孩子自己的事务上，尽可能留给孩子更多的选择权，孩子可以与父母讨论自己的需要，无论父母还是孩子，都可以以理服人。另外，在与孩子的沟通上，用启发式的话语代替冒失专断的话语会更有帮助。比如，当孩子做错了事，父母用怀疑的口气质问道："是不是你干的？"这种问法就非常不妥，反而容易诱发孩子说谎。但如果父母换一种方式，语气再稍微平和一些："这件事很不好，但爸爸小时候也经常干类似的蠢事。如果是你做的，爸爸可以帮助你，看看怎么办更好一点儿。"在类似的引导下，当孩子做错事时，不会去想要怎么逃避惩罚，而会去考虑如何解决问题。

美国首位总统华盛顿的父亲就曾这样教导儿子："没错，只要犯点小错就是一顿毒打，许多父母反而逼得孩子说谎，正因为如此，下次又犯错时，吓得半死的小家伙只好说谎，为的是要逃避棍子。但对你来说，你明白我一向以来都是提醒你，现在我再说一遍：偶尔不小心犯错不要紧，是因为你还小，没有经验，不懂事理，因此不需要用说谎来掩饰，应该勇敢说出来。像个小男子汉一样，把事情原原本本地告诉我，我不但不会打你，还会为此更疼你、爱你。"或许这也可以给我们一些启示吧。

◎ 说谎者的水平有高低

生活中，有一些人或者群体似乎更喜欢或更善于说谎，说谎能力更强，但也有人很少说谎或者说谎水平很差。正如我们在日常生活中经常提到的“世界上没有一片叶子是相同的”，人与人之间的说谎水平也有千差万别。那么究竟哪些人或群体更善于说谎呢？哪些人说谎水平又很差呢？我们分别从性别、年龄、个性、职业四个角度来说明。

生活中，一些女性也经常抱怨男性爱说谎。大家普遍存有这样一个刻板印象，即认为男性比女性说谎次数更多。但事实如何呢？多个不同的科学研究显示：男性和女性说谎的频率大致相同，而且说谎水平也差不多。另外，波士顿大学和芝加哥大学的两项研究发现了一个有趣的现象，那就是男性更多地会谎报自己的工作状况、收入和身高！而女性则会更多地谎报自己的年龄和体重。曾在测谎领域做过大量研究的美国学者、哈佛博士贝拉·迪帕罗认为男性倾向于直接的谎言，而女性则较喜欢用隐含、间接式的谎言。另外，男性普遍而言对谎言的容忍程度比女性更高，换言之，女性远比男性更反感谎言，对两个人是否能够以诚相待更为重视。

那么，年龄上的差异是怎样的呢？大多数人认为老年人比年轻人似乎更诚实或者更少说谎。事实上，到目前为止，仍未有公开发表的科学研究显示老年人比年轻人说谎次数更少。但是有一项研究直接考察了老年人（60 至 89 岁）与年轻人（17 至 26 岁）说谎能力的差异。该研究结果发现，无论是年轻人还是老年人，都更容易判断出老年人（相比年轻人）是否在说谎，表明成功欺骗他人的能力随着年龄的增长而下降。新西兰奥塔哥大学心理系的泰德·拉夫曼和贾妮丝·默里等人研究也发现：老年人说谎和测谎的能力都低于年轻人。这一发现可以解释为什么骗子喜欢找老年人下手。我国在 2019 年上半年，110 平台受理的 45 岁以上中老年人受骗举报就超过 2 万次。我国老年人时常受到电信诈骗、非法集资、保健品欺诈销售等的侵害，而其中以营养保健品销售诈骗为主。同样，在国外，老年人也是受诈骗的多发人群。比如，在美国超过 730 万的老年人（超过 65 岁）曾经是金融骗局的受害者。从这一点来看，老年人无疑是最不会撒谎、最易受骗的一个群体。

接下来说说个性差异。在日常生活中，我们经常听到“外向的人”“内向的人”的说法，并且，人们普遍认为外向的人更受欢迎、更善于交际以及更善于表达自己的情感。首先，性格并无好坏之分，每一种性格都有各自的优势和缺点，适合不同类型的工作，比如外向性格的人更适合与人打交道，而内向性格的人则更适合做研究等需要长时间独处的工作。至于在说谎水平方面，有多项研究显示：外向性格的人要比内向性格的人说谎频率高，也更善于说谎。这是因为外向性格喜欢交际，在与人交往、沟通的过程中对给别人留好印象这一点比内向性格更为关注，因此他们更习惯于掩饰或夸大，说谎时内疚和不舒服的感觉也相对小。但这也不意味着内向性格的人说谎就很容易被察觉。事实上，外向和内向性格说谎时被揭穿的概率差不多。虽然内向性格不善于说谎，但因为他们说谎说得少，往往只在自己有一定把握的情况下才选择说谎，所以被发现的机会也较低。

最后说说职业差异。其实，在说到个性差异时已经提到了。一些职业的从业者需要经常与人打交道，因此要对人性有相当的了解，得懂得一个人的情感需求，能对别人的情绪变化做出敏感和快速的反应。这无形中促使他们必须具备很好的“表演能力”（请注意：这里并不是要贬低某类从业人员，前章已经讲过谎言并不都是恶的）。综合来看，说谎水平最高的人一般从事的工作与人相关，如演员、销售、公关、商人、律师、政治家、外交家等。在技术性较强、较少与人交流的环境下工作的人，如研究人员、工程师和实验员等，说谎的水平则相对较低。

◎ 说谎越多的人说谎水平也越高吗?

谎言跟其他很多技能一样，都是练得越多说谎的本事越大。因此，越喜欢说谎、说谎越多的人说谎水平也越高。比如，很多孩子一开始的谎言也许是迫不得已，但毕竟瞒过自己的父母、老师或同班，避免了处罚或达到了自己其他的目的，这无疑会给自己带来相当的成就感和实惠。对于一个孩子来说，有成就感的事本来就不多，因此，这种成功的感觉会促使孩子去尝试第二次、第三次直到熟练为止。当然，一般来说，最主要的原因在于：第一，不断地说谎会降低说谎引起的负面情绪，从而使得说谎程度增加。第二，反复练习说谎会减少认知资源的消耗，使说谎变得更容易。

为什么不断说谎会降低说谎引起的负面情绪呢？这跟道德的滑坡效应有关。当一个人迈出违背道德的一小步后，慢慢适应了违背道德产生的内疚、羞愧、自责等不适的情绪，就可能会做出更加严重的不道德行为。心理学家和认知神经科学家在 2016 年对谎言的滑坡效应产生的过程进行了研究。结果发现，在“自己受益、他人损失”和“自己受益、他人受益”的条件下，随着实验次数的增加，参与者的说谎程度显著增加。而进一步研究发现，只有当谎言能增加自己的收益时，说谎程度才会随着次数的增加而增加。而且，参与者的大脑也出现了类似的效应。大脑中杏仁核区域的活动在增加自我利益的说谎行为中，随着说谎程度的增加而不断减少，并且这种大脑活动的减少能够预测说谎程度的增加。而杏仁核是主要参与情绪加工的大脑区域。因此，他们将这一结果解释为，不断地说谎会降低说谎引起的负面情绪，从而使得说谎程度增加。接下来举一个现实生活中的事例来说明说谎的道德滑坡效应。

伯纳德·麦道夫可谓说谎者中最具传奇的人物之一。他在大学毕业后，通过暑假打工赚了5000美元。后来他从岳父那里借来办公室，创办了以自己名字命名的证券投资公司，通过不懈努力将公司壮大，最终成为纳斯达克董事会主席。在麦道夫的领导下，纳斯达克为苹果、思科、谷歌等公司的上市做出了巨大贡献。然而，2000年功成名就之后，麦道夫的人生却因为一个巨大的谎言系统发生了戏剧性改变，即著名的“庞氏骗局”。怎么理解这个词呢？就是“空手套白狼”或“拆东墙补西墙”，通过不断吸纳新的投资，为已有的投资人支付利息和短期回报。在这个谎言系统中，并没有真实的利润产生，而只是进行了资本的换位。现行的很多传销模式和金融集资诈骗都与之相似。后来麦道夫被他的儿子告发，于2009年被判处150年监禁。后来，麦道夫在反思自己的说谎行为时引用了小说《名利场》中的一段话：“当然，你知道正在发生什么。它可能开始于你从中得到一点点好处，也可能开始于你从中得到几百块、几千块钱的好处。当你默默适应了，还没有意识到问题的严重性时，它已经像滚雪球一样越来越大。”这跟三国刘备在遗诏中训诫儿子的话何其相似：“勿以恶小而为之。”

当然，有些人不会对说谎产生负面情绪，认为说谎是理所当然的事，比如间谍、特工、警察卧底。那么，不断说谎会提高他们的说谎水平吗？答案是会的。因为，反复练习说谎会减少认知资源的消耗。有研究者对这一过程进行了检验。他们让参与者对一些信息进行反应：在诚实条件中，参与者需要说实话；在说谎条件中，参与者需要假装自己是别人，使用别人的信息来隐藏自己的真实身份。任务要做两次。不仅如此，参与者还被分成了3个组：控制组、指导语言组、训练组。这三组主要的区别就是在完成两次任务之间，练习说谎的次数有不同的要求。控制组最少，训练组最多。结果发现，指导语言组和训练组都出现了在第二次任务中说谎反应时间显著缩短的现象，但只有训练组中的说谎与诚实的反应时间差异完全消失。所以，这证明了对说谎行为进行有意的控制与训练，确实能够缩小说谎与诚实的差异，使得谎言的可信度变高，更难以辨别。

对于特工这类特殊的职业，说谎不过是家常便饭。由于日常频繁地接触谎言，从事这些职业的人可能对于说谎和识别谎言都有更多的经验，他们在这方面的表现也异于常人。例如电影《风声》就为我们展现了一群在特殊时期为正义事业而隐瞒真实身份的特殊工作者。他们在特定任务使命的驱使下，运用精心排演的行为和言语，在伪政府内部协助共产党，誓死要将重要信息传递给革命人士。

总之，一个经常说谎的人，在说谎时也会比普通人更加熟练——高频率的说谎使得继续说谎变得容易，而让一直保持诚实的人突然说谎，则会大大增加说谎成功的难度。

◎ 说谎者的弱点有哪些?

说谎者和说真话者不一样，自身有许多弱点可以被识谎者利用。首先一点，说谎者想掩盖真相，但是雁过留声，客观发生或存在的事物不会凭空消失。理论上来说，说谎者可以获得一时的信任，但是客观存在的证据总是说谎者绕不过的一堵墙，有一天会将说谎者困在其中。这是说谎者内心深处最心虚的地方。有这样一个趣事：张某在朋友圈晒迪拜度假，配文:“在迪拜过长假，这里很热，还 30 多度，我先简单吃点。”并配了几张风景和美食图片。不料，一会儿就被前同事谢某在超市撞见了。更尴尬的是，谢某刚刚给他的朋友圈点了赞。对此心知肚明的张某很快将谢某拉黑了。

其次，说谎者并不都是有充足的准备时间。因为什么时候需要说谎，说谎者往往无法预知。因此，预先编好说辞、牢记并加以练习，这些准备都来不及。就像刚才的那个例子，张某并没有想到会这么巧碰见前同事，根本没有时间准备怎么回应对方，死爱面子的他只好决定拉黑对方。那么，给说谎者时间他就一定能编好说辞吗？未必吧。就像编故事一样，有的故事编得好听又合理，让你一听就相信；而有的故事总感觉哪里不对劲，前言不搭后语，让人半信半疑。可见，编故事并非那么轻松，所以，在美国居然有公司专门从事为他人编谎的工作，或是帮助客户维持谎言不被揭穿。Alibi 网络公司就是这样的一家公司，它可以帮助客户编造各种所需的谎言。这家公司的宣传册上这样说："假如你想背着妻子去与情人约会，我们可以发给你工作录用书，参加职业培训的邀请函、员工手册以及所有其他的相关文件，以使你有借口离开几天。要是你因为被解雇而感到窘迫耻辱，又不知道怎么向面试官解释。我们可以帮您冒充为我们合作伙伴公司的员工。我们能够为您提供所有必需的资料，譬如公司员工卡、办公电话号码、企业电子邮箱，甚至如果您需要，我们还能为您提供相应的私人秘书。"如果你今天不想上班又编不出好的借口，该公司可以假装是你的主治医师（牙医）或是配偶，替你向老板请假，说你有事不能工作。这听起来很荒诞，但这确实是真实的。在这个公司的网站上，你可以发现它能够提供各种各样的谎言服务，甚至是为你提供专属的维护谎言专家。没有人能够解释清楚，这一现象究竟会对我们的生活造成什么样的影响，会给职业道德操守带来怎样的特殊挑战。但是，这也充分说明了编造谎言并没有想象的那么容易，一些谎言的托词确实比较粗糙。

即使事前已有心理准备，说辞也精心设计，但说谎者不可能预知届时会碰到什么样的问题，更不可能对所有答案都成竹在胸。有时候即使聪明透顶也不够，因为情况变化往往难以预料。那些不确定因素会使原来可以过关的说辞不攻自破。这就好比你费尽心思为妻子准备了她爱吃的口水鸡，而她却告诉你今天上火很厉害，不能吃辣的。在大陪审团调查水门事件时，尼克松总统的特别助理布查德就遭遇了这样的事情。因情况改变，逼得他不断改变说辞。一位联邦法官对此这样描述道："布查德在解释录音带遗失的原因时，第一个碰到的难题就是要圆谎。听证的第一天他曾说，总统 4 月 15 日与迪安的会谈没有录音，是因为定时器故障，但时隔不久（因布查德知道有其他证据出现，定时器已经不是问题），新的说法就变成 4 月 15 日的会谈根本没有录音，因为开了一整天的会，仅有的两卷带子已经录满了。”自己设计好的说辞都不得不推翻，那么没有准备的谎言自然更容易露出破绽，言辞中容易出现前后不一或者不合常理的地方。当然，这还都只是说的言辞方面。眼神、表情、动作都可能因为准备不足或缺乏演练而导致和正常讲真话时出现差异，引起对方的怀疑。“说谎者”这个角色并不好演。

说谎者另一大弱点就是易受到说谎情绪的羁绊。前面我们在介绍情绪性谎言时提到，说谎常常伴随内疚、恐惧等负面情绪。这些负面情绪会引发一个人生理和心理上的变化，并通过我们的身体语言、生理反应表现出来，从而被识谎者抓到。在之后的章节会对此做重点介绍。即使不去观察这些线索，单单依靠说谎者心虚的心理特点，古人就有过抓谎成功的先例。宋朝宁宗年间，刘宰出任泰兴县令。一次，一个大户人家丢失了一支金钗，四下寻找不见，告到县上。刘宰调查后，了解到金钗是在室内丢失的，当时只有两个仆人在场，但谁也不承认拿了金钗。刘宰将两人带到县衙，安置在一间房子里，也不审问。众人都很困惑，刘宰却像没事人一样，饮酒散步，与大家闲谈。到了天黑以后，刘宰拿着两根芦苇走进关押仆人的房间，每人给了一根，说道：“你们好好拿着芦苇，明天我要根据芦苇决案，谁要偷了金钗，芦苇就会长出二寸来。”说罢关门走了。第二天，仆人被带到堂上。刘宰取过芦苇审视，果然有一根长出二寸。刘宰嘿嘿一笑，却指着手持短芦苇的仆人大声喝道：“你如何盗得主人金钗？还不从实招来！”那个仆人战战兢兢，当即跪倒在地，口中喃喃道：“是我拿了金钗，大人如何知道？”刘宰答道：“我给你们二人的芦苇是一样长的，你若心中没鬼，为何要偷偷截去一节？”仆人方知中了计。刘宰正是因为知道说谎的仆人有恐惧心理和心虚感，才用这个测试办法使其自我暴露，辨识出了说谎者。

另外，与讲真话不同，由于谎言出自无中生有，说谎者往往需要更多的时间和精力去思考、记忆，才能让谎言听起来合理可信，同时也不会与前面已经说过的内容自相矛盾。另外，说谎者还需要注意控制自己的身体动作、表情和姿势等。这么多工作要做，无疑会大大加重大脑的负担，增加认知负荷。著名的心理学家、哈佛大学教授乔舒亚·格林及其同事让参与者进行了一个猜硬币任务，并采用 fMRI 技术对人们完成任务过程中的大脑活动进行了记录。通过对这个过程中的大脑活动进行分析，结果表明那些说谎的人相比诚实的人，大脑前额叶的活动更强，并且这个区域的活动越强，说谎的概率就越高。因为大脑前额叶是参与人类行为执行与控制的主要区域，所以这个区域的活动越强，也就表明了人们在说谎中需要使用更多资源、更加努力。换句话说，人在说谎时大脑负担更大。而为了给大脑“减负”，说谎者往往会采取减缓自己的反应速度、遗漏一些关键细节、限制身体的动作等措施。而识谎者也可以通过观察和分析以上这些细节的变化判断一个人是否说谎。这些内容会在后面的章节陆续深入探讨。

◎ 交流媒介的不同会影响说谎者吗？

“我们进行视频会议吧……不，我给你发邮件吧……等等，我还是给你打电话吧……”随着信息时代的发展，人们交换信息的方式越来越多样化、数字化、网络化。从传统的面对面交流、书信交流到如今的电子邮箱、网络聊天软件、网络视频软件、手机短信、手机通话、手机视频等，人们有越来越多的交流媒介可供选择。传播方式会影响说谎频率吗？如果不是面对面互动，而通过短信、电子邮件或电话等媒介进行有一定时空距离的交流，说谎倾向会增强吗？

研究表明交流媒介不同对说谎频率会有影响，但影响不大。俄勒冈大学传播学教授大卫·马科维茨比较了不同媒介场景下的说谎频率。通过对205名参与者的深入调查，马科维茨发现，一部分高频说谎者输出了很大比例的谎言。换句话说，一小撮人把一大半谎言给说走了。此外，从整体上看，谎言内容占据沟通内容总量的比例非常低，而且交流媒介的不同对说谎频率的影响不大。按说谎频率从低到高给媒介排序：电子邮件7.8%、短信8.2%、社交媒体8.6%、面对面9.6%、电话11.8%、视频聊天12.3%。

我们发现，电子邮件里的谎言是最少的。关于此，有两方面因素可能发挥了作用。一方面，内容的可记录性似乎有抑制说谎的作用——人们明确知道自己的话以文本形式被记录下来，因此会产生谎言可能被人发现的担忧。另一方面，很多谎言都在一时冲动中产生，所以如果沟通有延迟，例如电邮沟通，谎言减少也就是情理之中的事。

哪种沟通方式最不可信？根据马科维茨的调查，电话、视频聊天的可信度都相对较低。还有研究也做过类似的调查，对人们在面对面、电话、即时通信（基于互联网的即时交流，如各种网络软件、交流平台等）、电子邮件中的说谎行为进行了统计。结果发现人们用电话说谎的比率最高，约38%，其次是面对面（约26%）和即时通信（约23%），最后是邮件（12%）。这个结果和马科维茨的调查结果相似，都显示，电话的可信度相对较低，而电子邮件中的谎言相对较少。可能正是由于电子邮件的可追溯性，人们并不喜欢使用它来传递重要的或是私密的信息。当我们想要和对方就某一事情进行交流，但是又不方便留下字据时，通常都会说："我给你打电话吧。"电话交流可能给说谎者提供了更多的匿名感和安全感，让人更有可能说谎。总的来说，不同媒介中的说谎行为受到交流的同步性、媒介的可记录性、空间距离三个方面的约束，同步性越高、可记录性越低、空间距离越大，说谎发生的概率也就越高。

此外，对自己说谎能力比较自信的人，更喜欢选择面对面地说谎，而不是通过文本的形式。并且，这些说谎者更善于使用策略，他们在说谎的时候会比说谎能力低的人表现得更加诚实。而那些说谎能力低的人则表示在说谎时会更焦虑和内疚，他们会尽量避免面对面地说谎。

媒介的丰富性和社会距离不仅会影响说谎者的行为，也会对谎言的识别产生影响。如今许多人在家或是在办公室里工作，这使得他们彻底失去了察觉人际交流细微信息的机会。他们独自在相对封闭的空间工作，只有在洗手间或是停车场才能够碰见同事。工作伙伴生气时下颌微微地颤抖，经理观察助手工作的眼角余光，老板布置艰巨工作时无法抑制的害羞微笑——许许多多细微的线索，都被这些埋头工作的人所忽视了。这可能会使得谎言识别变得相对困难。

◎ 说谎者被揭穿后的反应

一般来讲，谎言被揭穿后，说谎者会采取承认、部分承认、否认的方式来应对。

承认主要指说谎的人在他的谎话没有成功的事实面前，已经低头认错了。比如假设你是一个老师，你发现班里的一个学生在考试时好像作弊了。于是你立即给他拿出作弊的证据，来证明他抄袭另一个同学的试卷。证据可能是他们都一模一样答错的题目，还可能是你在他的课桌旁发现的有他笔迹的小纸条。经过几分钟的争辩，学生在调查的结果面前就不得不承认自己的错误了。他可能会这么说：“这次考试我是不是及不了格了？”“您会叫我妈妈来吗？”“我能补考吗？”说话人希望通过这个了解到犯错之后会受到什么样的惩罚。因为事情已经败露，将面临什么惩罚是此时他非常关心的问题。

现实中的说谎者被揭穿时，即便拿出实际的证据，拼死抵赖、拒不承认的也不在少数。不过，更多的人会采取部分承认的策略，避重就轻来保护自己逃避更重的惩罚，也将在一定程度上减轻良心上的不安和后悔。说谎者只承认部分错误，就类似于不给骨头，只给饼干一样，丢车保帅。比如，犯罪嫌疑人通常只向调查人员供认很少部分案情，包括有限的犯罪信息，让调查员以为他已经完全招供。所以，如果你是调查事实真相的人，在对方部分承认后应进行进一步调查，再判断对方这样做是不是为了掩饰他犯错的程度。

说谎者在选择承认或部分承认自己的说谎行为之后，他的目标就开始发生变化，由原来的企图隐瞒真相变成企图维护自己的公众形象，企图重新找回自己的自尊心。在这种情况下，说谎者几乎就要承认自己的所作所为了，但他却装作这件事是假想的第三者所为的样子。他也许会这样说：“我没干这事，但为了让这事尽快过去，我可以承担责任。”或者“为了让我们彼此都开始正常的工作，我愿意承担这个责任。”

还有一种表达方式就是提供帮助来补救。从给你装修的包工头，到把遥控器弄坏的你七岁的孩子。他们也许会这样说：“不是我们弄脏的，但我们可以负责清洁的费用。”“遥控器本来就是坏的。不过我还是把它粘结实吧。”

另外就是完全否认。特别是在对方没有真凭实据或证据不足的情况下，否认和抵赖是说谎者最常见的反应，也是保证自己可以可能全身而退的唯一选择。说谎者通常会采用保持沉默、理性回应和感性反击三种方式来否认自己说谎。保持沉默即对谎言的揭穿不予回应，不管对方是否有足够的证据。理性回应则是找出理由和证据来为自己辩解，当然，引用的理由和证据是否让人信服另当别论。感性反击巧妙地避开为自己辩护这一环，而采用“你都说些什么乱七八糟的”之类的指责，配上愤怒或沮丧等情绪来否认说谎。虽然被冤枉容易引起一个人的愤怒，但对说谎者来说，他们的愤怒是一种恼羞成怒。

有时候对方的否认也很巧妙。有一位母亲发现她的儿子吸烟了，出于对他未来的健康考虑，她要努力阻止他养成这个坏习惯。此后一次她儿子放学后，她告诉儿子，自己能闻到他身上的烟味，把能够断定他吸烟这个事实摆了出来。但这个孩子多次坚持他“没有吸香烟”，拒不承认。这种紧张的对峙持续了几分钟，这当中她的儿子始终否认吸过烟。突然这位母亲似乎明白了她的儿子在说什么，于是她问儿子：“如果你没吸烟，那么你吸了什么？”结果她的儿子回答他和朋友一起吸过雪茄，但没有吸烟。

第四章 | CHAPTER 4 |

辨识三种情绪

> 担心被识破的恐惧感、说谎的内疚感、行骗的快感，是说谎者最难摆脱的三种情绪。它们都能表现在表情、声音或身体行为之上，就算说谎者试图去隐瞒也不行。即使没有非口语的破绽，力阻破绽产生的努力也可能会提供说谎线索。有时在恐惧感和内疚感的驱使下，说谎者甚至会主动坦白。因此，学会辨识和调动这三种情绪，有助于我们识破谎言。这就是本章要论述的内容。

◎ 什么是说谎的内疚感

如果谎言伤害到了别人，就应该受到谴责。哲学家圣·奥古斯丁就曾强烈谴责过伤害别人的谎言。他认为，“说谎者的本质就是通过谎言来进行欺骗”，说谎就是在伤害灵魂。同样的，哲学家康德将说谎视为“人性里既有的道德污点”。有别于心智失常的人，一个心智正常的人不仅具有某种道德意识，而且还会基于这样的意识认知到：说谎是应当受到谴责的。因此，当我们在说谎时便会受到内疚感的折磨——说谎者自己谴责自己。

说谎的内疚感是一种针对说谎行为本身的感觉，与对说谎所要隐瞒的内容的内疚感有区别。举个例子。假如一个小孩偷了一个钱包，他或许对偷窃行为本身感到不安，并因此看轻自己，认为这实属小人所为。这里的不安是小孩对偷窃行为的内疚感。如果父母发现后问他钱包哪来的，他谎称是自己捡的。那么，他也将会为自己的隐瞒行为感到不安，这才是说谎的内疚感。

不过，为说谎感到内疚，未必也会为说谎所要隐瞒的事情感到不安。假如这个小孩所偷的钱包是属于欺侮过他的同学的，他或许丝毫不觉罪恶，是同学先不义于他，他只是报了一箭之仇，甚至认为还太便宜了对方。但是，他若对老师或父母谎称没有偷窃，事后往往免不了感到内疚。

这里为什么说是“事后”呢？因为一个人刚决心要说谎时，往往会低估内疚感，对于事后是否会感到良心不安，往往一无所觉。可是，当受骗者为自己的虚情假意而再三感谢时，当眼睁睁地看着别人成为自己的替罪羔羊时，当最信任自己的人被自己诓骗后浑然不觉继续信任自己时，当为了让前一个谎言不被揭发而不得不继续撒更多的谎时，说谎者的心态往往会发生微妙的变化，说谎的内疚感也油然而生。比如，在春晚小品《卖拐》中，高秀敏饰演“大忽悠”（赵本山饰）的老婆，她在刚开始参与行骗时并没有什么内疚感，只是担心拐卖不出去，因为“满大街都是腿脚好的，谁买你的拐呀！”但到最后，看到“大忽悠”不但把拐卖给了原本腿脚没有毛病的“伙夫”（范伟饰），还要把人家的自行车据为己有，于是产生了强烈的内疚感，主动告知受骗者“这是在坑你”，让他把自行车推回去。

说谎的内疚感有强弱之分，足够强烈的内疚感可以引发一个人生理和心理明显的变化，并通过我们的身体语言表现出来，从而让识谎者找到说谎线索。内疚感强烈到极致时，甚至会变成一种折磨，毁掉说谎者最基本的自尊感。为了缓解这种良心上的不安与折磨，有的说谎者会甘于接受惩罚，主动坦白自己的错误，弥补受骗者的损失。前面提到的《卖拐》其实也能说明这一点。

◎ 内疚感的强弱

有些人对说谎特别敏感，很容易产生内疚感，从小便被教导“谎言是洪水猛兽，说谎罪大恶极”的人就属此类。当然，世上也有人对说谎丝毫不感到内疚，比如没良心的人或者心理变态的人等。《卖拐》中的“大忽悠”就属于这类人，坑蒙拐骗，贪得无厌，对说谎毫无内疚感，是个彻头彻尾的骗子。另外，女性说谎的内疚感比男性更强一些。从这个角度来看，女性的道德观似乎相对比较高尚，而这又是男女之间的一项微小差异。那么，内疚感的强弱到底跟哪些因素有关呢？

说谎者与欺骗对象是否拥有相同的社会价值观是一个因素。价值观越接近，说谎者的内疚感越强，反之越弱。想象一下，一个人对他眼中的坏人或恶人说谎会有内疚感吗？当然不会。王二小帮八路军放哨，假装顺从鬼子，为其带路，最后将其带进八路军的埋伏圈，英勇机智的王二小怎么也不会因为对鬼子说谎而感到内疚。间谍对间谍，各为其主，当然也无愧于心。如果丈夫经常家暴妻子，心灰意冷的妻子对于隐瞒外遇可能也会毫无愧疚感。父亲告诫儿子不要吸烟，但儿子根本不认同父亲的看法，甚至视为思想保守，照样偷偷吸，在他心中内疚感也会很轻；如果他见父亲说一套做一套，天天烟不离手，内疚感自然更不会产生。总之，由于价值观不同，说谎者站在自己的立场，肯定自认为所作所为都是对的，那内疚感是想都别想的事情。

不过即使欺骗对象并非敌对，所持的价值观也相同，同样也会出现合法欺骗，不会产生内疚感。比如，罪犯向神父忏悔告白，这是电影中常有的镜头。如果警察想借此问出案情，神父隐瞒不说并不会有内疚感，因为他的誓约特许了他的欺骗。救援者向受伤的小女孩隐瞒她父母在地震中死亡也是一例。说谎者自认为没有从说谎中得到任何好处，内疚感也就无从产生。

在某些场合说谎是约定俗成的，也不大会产生内疚感。举例来说，玩牌的时候虚张声势、故弄玄虚，拿到一手好牌故意叫惨，拿到一手臭牌，却表现得扬扬得意；明明是在说谎，但肯定不会良心不安。市集上，买主和卖主在讨价还价，买主一句“我们老家都是干这个的，价格上你别想骗我”，卖主扬言“我这已经赔钱了，不能再便宜了”，满嘴谎言也不新鲜，身在其中的人都心里有数，反正也不指望自己说啥对方就信啥。这类事情本质上就是尔虞我诈，只要不违法，谎言在一定程度上是被允许的。试想，假如你要卖掉自己的房子，会在一开始就开出底价吗？

与欺骗对象关系的亲密程度、信任程度、熟悉程度，是影响内疚感的另一个因素。与欺骗对象关系越亲近，内疚感越强；欺骗对象越信任你，你的内疚感越强；与欺骗对象越熟悉，内疚感越强。比如，你面试时在简历上作假，你感受到的或许更多的是恐惧——害怕露馅不被录用，而非罪恶。但欺骗好友、老同学、妻子、家人，就与简历作假大不同，此时你的内疚感会更强。因为这些人往往更信任你，更熟悉你，与你有着更亲密的关系。反之，如果你欺骗的对象完全不认识你，或者完全匿名，你的内疚感也会较弱，因为这样你更容易滋生一系列为自己开脱的幻想：对方并没有真正受到伤害，所以并不在意，甚至认为对方活该被欺骗等。

欺骗造成的损失程度也会影响说谎者的内疚感，也就是说，骗得越大，内疚感也会越大。还以小品《卖拐》为例。高秀敏饰演的那个角色本来对于把拐卖给“伙夫”这件事没有太强的内疚感，所以在“伙夫”提出买拐的想法后，随口说道把我们这副拐卖给你，撺掇着成交。可是，当丈夫“大忽悠”嫌卖得价格低，用计想占有对方的自行车时，她觉得给对方造成的损失太大了，内疚感也随之增强，才有后来力劝“伙夫”别上当的一幕。

总之，说谎者的内疚感受到多种因素影响。要想通过辨识内疚感来识破谎言，我们需要根据具体的情况来提升说谎者的内疚感。

◎ 提升内疚感

在一些历史刑事案件或一些文学作品之中，经常可以看到这样的情境，争辩的双方当事人可以通过决斗的方式证实自己没有说谎。这其实就是利用了说谎者的内疚感。因为，说谎的一方往往因为自己内在的愧疚或羞愧而无法以最正直、最坚决的状态应对决斗，容易失败。通常情况下，利用内疚感最容易识破谎言。这个“罪恶的标志”对过错者来说犹如一块巨石压在心头，因此只要方法得当，就很容易让说谎者显露内疚感，从而露出破绽。如果说谎嫌疑人是女性（女性比男性的内疚感更强）或者孩子（特别是学龄前的儿童），这种方法会更加有效。既然我们已经知道，欺骗行为造成的影响越大，说谎者的内疚感越强，那么在怀疑女朋友隐瞒真实行程时，不妨这样跟她说：“你知道吗，对我而言诚实是最重要的。你跟我说实话，或许我只会受点伤，但我们还有重修旧好的可能；要是你不跟我说实话，那我们就完了。”

正如前文所说，当过错者感觉与欺骗对象越亲近时，他的内疚感越强烈。你可以对此加以利用。例如，你可以语重心长地跟对方说：“我们已经共同奋斗了五年，这段岁月是我人生的珍贵记忆。在此期间，我对你敞开心扉，完全信任。”你也可以说“很高兴见到你，老伙计”或“我知道，你永远不会对我说谎”。提醒说谎嫌疑人你们之间的亲密关系，其内疚感会更加强烈。

当然，内疚感可以提升，也可以消减。每个人都有保持内心平衡的需要，即便说谎者也不例外。小偷会说服自己，反正自己偷的那辆摩托车上了保险，失窃者可以申请理赔。员工会说服自己，他为公司效力多年，这点东西只不过算是给自己的一点奖赏罢了，公司是不会介意的。这种合理化的过程，多半要经过一番思考。也就是说，若要消减、去除内疚感，需要耗费一些时间。如果说谎者有充裕的时间，将自己的行为合理化，让内心与谎言达成妥协，那么对于测谎者来说，想识别对方的内疚感就太迟了。因此，要想识别内疚感，得抓紧时机。而内疚感也多半只在突发的说谎行为里才观察得到。

◎ 识别内疚感

对方显露了内疚感，我们要怎么识别呢？眼神空洞、嘴角下垂是内疚感的典型表情。这种表情类似哀伤。倘若说谎嫌疑人莫名地出现哀伤的样子，八成就是在说谎。另外，假如一个人在讲完话，整个人垂头丧气并以双手掩面，这也是哀伤和罪恶的典型表现。更低沉或者柔和的音调、更缓慢的语速等也是一个人背负内疚感的表现。

当人感到内疚时也会觉得羞愧，所以他会用尽方法去避免眼神的接触。他的潜意识觉得你会从他的眼睛里看穿他的心思，因为心虚，他不愿面对你，并且眼神闪烁、飘忽不定或老是往下看。相反，当我们说真话，或因为被冤枉而愤愤不平时，我们会全神贯注、睁大眼睛瞪着指控者，仿佛在说："把话讲清楚，否则休想一走了之。"然而，大多数人都晓得说谎者往往会避免与他人目光接触，因此有些说谎者便会刻意地看着对方。尽管如此，面对让其感到特别内疚的人时，倘若其突然间完全不正视对方的眼睛，便可明显看出内疚感。

此外，内疚感还有一项主要的征兆，就是所谓的"人格解离"。人们为了逃避自己的说谎行为会开始疏离自己。这在语言上有很明显的特征。说谎者会使用间隔式语言，就是用一些特别的词将说话人与其所说的话“隔开”，其用意在于把说话人自己和说话的内容脱离关联，起到推卸或回避责任的作用。

一般来说，诚实的人会以第一人称称呼自己，例如说：“我这次考得很好。”即便他们在否认一件事情的时候，多半还是会使用第一人称，例如他们可能会用这样的话来开头：“我不知道……”相反的，说谎者会避免使用诸如“我”或“我的”这类用语。美国赫特福德郡大学的心理学家韦斯曼认为，人们在说谎时会本能地避免使用第一人称。比如，朋友告诉你，他的车子抛锚所以失约，他往往会说“车坏了”，而不是“我的车坏了”。相比较于说：“我没有偷那个手机。”小偷更可能会说：“那个手机也许并不是被偷走的。”

说谎者常见的间隔式语言包括用“他们”或具体的名称替代“我们”。在骗子冒充公安机关或银行的电话诈骗案中，骗子在电话中会用“他们”“公安局”“银行”来代替“我”或“我们”。其他常用的间隔式语言还包括“我们”替代“我”，或者用“那个”“那样”“这个”“这样”代替具体的名称。

说谎导致的这种疏离现象，从体态上也可以观察出来。正如心理学家蓓拉·迪波洛与詹姆士·林赛研究指出：当人们将头部偏离交谈对象，并且无意识地将双脚朝向最近的出口，这时多半是在说谎。这也印证了卡朋特效应：仅想到某个动作就会让我们下意识地做出该动作的准备趋势。

说谎的人极少或完全不会与对方有身体上的接触，所以这也是指证欺骗的可靠线索。在做虚假陈述或在谈话中欺瞒别人时，说谎者极少会触摸对方。潜意识里，他通过减少亲近对方的动作，来帮助他减少心中的内疚感。触摸代表双方心理联系的加强，当我们深信自己所言属实时，才会有触摸对方的行为。

◎ 担心被识破的恐惧感

没有任何说谎者希望被人看穿自己在说谎，否则还不如说实话更好更简单。但是说谎者也知道，只要说谎就有可能露馅，假的真不了，所以难免担惊受怕、惶恐不安。这就是说谎的恐惧感。

所谓做贼心虚，对于大多数人来说，谎言败露所带来的负面结果总会让说谎者不安、恐惧和焦虑。这种紧张情绪的高唤醒水平，以及引发的相应人体生理反应，是古往今来绝大多数识谎方法的基础。

历史上最早的谎言识别实践就在恐惧中诞生，并与神灵结下了不解之缘。在生产力低下的蒙昧时代，人类因迷信而对周围的世界心存恐惧。当族群中出现一些难以判断真假的情况时，人们便会求助自然界最令人信服和畏惧的法官——神灵，这就是神灵裁判。神灵裁判是人类进入文明社会初期为了解决证据不足而出现的依靠神意裁判解决纠纷的一种审判模式，是一种非理性的审判方式，也是人类法律文明初期最原始的审判方式。古代许多国家和民族在历史上都曾施行过神灵裁判。我们以其中常见的“神誓法”为例，加以介绍。古巴比伦王国的《汉穆拉比法典》中就有关于神誓法的记载：“倘若自由民之妻被其丈夫发誓所诬陷，而她没有在与其他男子共寝时被捕，则她应对神宣誓，并得回其家。”法兰克王国的《萨利克法典》中规定“誓言”可以作为法律证据，并且要求当事人以神的名义发誓，证明自己所言属实，没有说谎。在我国古代，神誓法也曾作为查明案情的手段。《周礼》中记载：“有狱讼者，则使之盟诅。”这说明当时打官司的人都要通过宣誓来证明自己陈述的真实性。

这种识谎方法就是利用了说谎者的恐惧心理。在神誓法的基本流程中，说谎嫌疑人需要在族群信仰的神灵面前宣誓，这会使当事人处于特定的恐惧中，因为他知道或相信，他所信仰的那位“万能的、公正的、无所不在的”神正在看着自己，无形中产生了心理压力。迫于这样的情境和心理压力，发誓人很有可能说出真实的情况。如果发誓人依然选择说谎，则会下意识地表现出一些说谎线索，很可能被人识破。

虽然担心谎言败露会引发恐惧感，但是如果这种恐惧感比较轻微的话，非但不会使说谎行为失败，反而会使说谎者始终保持警惕性，更加注意控制自己的言行和神态，避免犯错；如果程度中等的话，因恐惧而产生的行为信号，照样会让高明的识谎者逮到；如果足够强烈的话，说谎者很可能会在说谎过程中表现出明显异常的行为特点，这种行诸于外的恐惧足以让谎言无处遁形。

说谎者也可能会事先评估自己的恐惧程度，以决定是否冒险。即使谎言已经出口，这种评估也是来得及的，至少有助于设想应对措施，以降低或掩饰内心的恐惧。对于识谎者来说，如果了解到某个说谎者会非常担心被识破的话，只要保持警觉，恐惧的信号就不难发现。

◎ 如何识别恐惧感

想必你肯定看过电视剧《水浒传》，里面有一个精彩片段：武松打虎。神勇的武松借着酒劲，空手打死一只猛虎，为百姓除去一害。想象一下，假如遭遇猛虎的是你，生死关头，你不得不战。面对眼前的庞然大物，你心跳加速，热血沸腾，双腿僵直，并摆出起跑姿势，随时准备战斗或逃跑。你口干舌燥，神色慌张，想必也会像武松一样惊出冷汗。你瞳孔放大，以捕捉更多光亮，同时拓宽视野，利于迎战。你开始起鸡皮疙瘩，汗毛倒竖，身体膨胀，让自己看起来变得更有威胁性，就像猫一样，虽然未必能吓到老虎，但这些反应自远古时代就被写入身体本能的自卫程序当中。此时此刻，你不自觉地就会表现出来。

恐惧的信号很容易识别。即使面临的威胁没有猛虎那样巨大，一想到令人恐惧的东西，比如考试、重病、车祸等，人的脸上就会出现恐惧的表情，即使那极其细微。你会眼睛睁大，嘴巴微开，嘴角下拉。这种恐惧的表情是人类天生的，无论你处于怎样的文化环境。此外，恐惧也会体现在言谈方面，诸如停顿、口吃、重复或提高音量等。除此之外，坐立不安、双腿抖动等也是惶恐不安的特征。

两位沟通方面的专家约翰·霍金与戴尔·雷瑟斯发现：声音与脸部表情一样，都与大脑中某个负责情绪的区块直接相连，因为在紧张的时候，我们会难以控制自己的声音。说谎者的高声调是特别显著的一项特征。大约有 70% 的人在激动时，说话会提高声调。所以，在与说谎嫌疑人交谈时，不妨闭上眼睛，将注意力放在话语上。如此一来，即便十分细微的声调提高或迟疑，也可以辨识出来。此外，青少年和妇女改变声调的程度高于其他群体。在恐惧情绪唤醒的情况下，自主神经系统还会在面部产生一些其他可见的变化，如脸变红、脸变白、出汗等。

正如我们遭受到威胁或侵犯时会闪躲逃开一样，当一个人受到指控，心理上处于劣势时，也会走开或移动身体。说谎者不会有靠近的举动，甚至不愿面对指控的威胁。如果是在室内，当说谎者感到不自在时，他可能会把身体面对或移向出口的方向，如果他站着，他会把背靠在墙壁上。之所以有这些反应，是因为他的心理状态已经显露于外，转而想在身体上寻求庇护。他感到对方言语上的伏击，所以，他要确保自己是处于能够清楚看见对方下一招在什么位置的地方。自信、自在、安适的人，不会介意坐在中间的位置。

事实上，我们不用去记住这些特征，就可以凭直觉感知到别人是否处于恐惧的状态。这意味着，即使你没有明确的证据，也能将这些身体信号作为揭穿谎言的有力根据。

当然，为了清楚观察到这些信号，我们在与目标对象进行对话时，视线范围要广。诸如桌子之类的障碍物不应挡住我们的视线，不应妨碍我们从头到脚打量对方。如果有障碍物挡住了对方的下半身，我们便无法观察到他的一些非言语行为，例如双腿不断抖动、脚的姿势等。如果目前的位置不能从头到脚地对目标对象进行彻底的观察，那么我们就应调整自己的位置，以便能够观察到对方的肢体动作细节。如果现场的摆设不允许我们自由调整，那么我们应该坐在靠近桌角的地方，桌角要朝向被约谈者，这样的位置可以将目标对象的一举一动尽收眼底，使其无法采用桌子作为遮挡工具。

◎ 影响恐惧感强弱的主要因素

影响说谎恐惧感的因素有许多，最具决定性的因素是：自己所欺骗的对象是否难以愚弄。对于这一点，说谎者往往心中有数。如果知道目标很好糊弄，自然不用太担心。尤其是说谎者惯于说谎，已经屡屡骗过对方，担心被识破的恐惧感自然大大减轻。反之，如果觉得目标为人精明，很难上当，甚至之前自己说谎已经被他逮到，那么心中的恐惧感就会增强。小品《卖车》中，“大忽悠”无意中又撞见了“伙夫”。虽然他知道“伙夫”很可能因为之前“卖拐”的事情，将自己视为骗子，但他面对“伙夫”，选择继续说谎行骗，而且没有丝毫恐惧，甚至口出狂言“这下轮椅有销路了”。原因就是，他知道“伙夫”容易搞定，是个软脚虾，是个嫩角色，自己完全能够对付。他的老婆则不同，心想撞上冤家对头了，心生恐惧，口中服软，不敢再行骗，早早地劝“大忽悠”罢手。

说谎者的人格特质也会影响他说谎时的恐惧感。有些人说起谎来艰难无比，有些人则感觉十分容易。现实生活中，确实有一些人对于内心的感受根本无法伪装，有些人则是担心被识破的恐惧感特别强烈，特别害怕被抓到，他们只要一说谎，任何人都看得出来，属于那种不打自招的类型。跟这类人正好相反，有类人好似天生说谎家，从小就可以骗父母、骗老师、骗朋友，想骗谁就能骗得了谁，从不担心被识破，对自己的说谎能力信心十足。但不是说这类人就喜欢通过骗人去伤害别人，只是说这类人善于伪装而已。他们能将天赋用于某些特定的职业，如演员、魔术师、销售人员、辩护律师、谈判专家、间谍或者外交官等。

影响恐惧感的另一个重要因素则是说谎者失败后的代价。代价越高，担心被识破的恐惧感越强。有的销售员为了业绩选择对顾客说谎，比如，顾客想买缅甸花梨木材质的家具，为了促成订单，你谎称自己公司销售的就是这种材质的家具，而实际上公司制作的家具用的是更便宜的非洲红檀香。你开始说谎时或许只是一心想促成交易，冲高业绩，赢得奖金，但时间一久，客户起了疑心，扬言要找专家鉴定材质，此时，对你来讲，业绩奖金都不重要了，唯一要紧的事就是如何躲避惩罚。一开始说谎的时候，你想到的可能就是如何利用谎言，获取更多的利益。一旦说谎失败之后，最先想到的就是降低代价，以减少损失。

代价是惩罚有两种情况：一是说谎失败后随之而来的惩罚；二是说谎这件事本身会受到的惩罚。在上面这个例子中，说谎失败后随之而来的惩罚可能包括：客户的追责甚至起诉、奖金的罚没等；而说谎本身的惩罚可能包括：被客户视为骗子，名誉扫地，被领导斥责等。有时，说谎本身受到的惩罚，甚至会比说谎失败的惩罚更重。比如，在这个例子中，客户最终可能只是要求退货和适当的赔偿，但是公司不允许这种为了业绩而欺骗顾客的行为，直接将其开除。父母应该知道，孩子做错事之后，承认还是隐瞒，对其受惩罚轻重的影响极大。有经验的父母为了让孩子说实话，总是会说："这件事无论是不是你做的，我都不会惩罚你。但是，如果你不说实话，对我撒谎，我会很生气。所以你要说实话。"虽然如此说，但是有的孩子可能出于对父母的不信任，或是觉得自己的错误过大，父母不可能不追究，于是抱着侥幸心理继续掩饰错误。

还有一种因素会让说谎者担心被识破，那就是被欺骗的对象在其中的得失。善意的谎言中，欺骗对象在其中会有所得。比如，在一部电视剧中有这样的情节，一个在外地执行调查取证任务的刑警接到领导的电话，被告知因证人的情况发生变化，任务取消，立即返岗。刑警接到通知后，立刻驱车从外地赶回来。回来之后才知道，返岗的真正原因是自己的孩子不幸在火灾中丧生。在这个例子中，由于担心这个刑警——孩子的父亲不能经受这个打击，在返程中发生意外，领导会很在意其隐瞒能否成功，很害怕露馅。换句话说，正因为他的欺骗对象在其中会有所得，他才更担心被识破。这种所得越多，他越在意谎言能否成功。在恶意的谎言中，欺骗对象肯定是有损失的。这种损失越大，欺骗对象的反应就会越强烈，而说谎者自然也就越担心自己被识破。

总之，当说谎者认识到他的对手很精明、很难缠时，他的恐惧感会更强。当说谎者本身就极不善于说谎，一说谎就立马乱了方寸，让人一眼看出，自然恐惧感也会更强。另外，当说谎者认识到自己说谎的代价很大时，被欺骗的对象在其中的得失也很巨大时，恐惧感也会加剧。

◎ 如何扩大恐惧感

第一，有意向对方展示自己高超的破谎能力。

设想一下，一个无辜的嫌疑人因为害怕被人冤枉，担心如果他看起来害怕，人们就会认为他在说谎，他试图掩饰自己的恐惧，以致难以控制的眉头肌肉动作反而暴露了其恐惧的情绪。而真正的罪犯，因害怕被捕也会试图掩饰自己的恐惧，表现出同样的表情线索。在这两种情况下，恐惧产生的原因虽然不同，但都会暴露出恐惧的情绪。有什么好办法让说谎者暴露恐惧的情绪呢？

你可以设法使对方相信，你具有准确识破谎言的能力。成功做到这一点，说谎者便会开始感到不安，而如果他是诚实的，也会如释重负，不用担心被冤枉。然而，如何让对方相信，在你面前没有任何谎言是戳不破的？答案就在所谓的“预期效应”中：一种因个人预期或他人预期而改变了看法与行为的现象。当你对某人说：“我有一双慧眼，可以看穿一个人的内心，识破任何谎言。”一开始对方其实不太会怀疑你。而一旦相信某件事会发生，仅仅是这个信念，就足以创造出发生的可能性。

父母对孩子总是摆出一副识谎高手的姿态，动不动就说：“光看你的眼睛，就知道你是不是在说谎。”说谎的孩子一害怕，担心被识破的恐惧感就会把他给出卖了，只好乖乖承认。基本上，这个过程就涉及“自证预言”——人会不自觉地按已知的预言来行事，最终令预言发生。当一个人相信自己骗不了对方时，便会明显流露出不安的迹象，如此一来，便真的骗不过别人了。有经验的老师、海关关员、警察等需要经常跟谎言周旋的人，会经常利用这一招，阻遏潜在的说谎者，同时让说了谎话的人自露马脚。也就是说，这些人的真正识谎本领可能并没有他自己宣称的那么高，但是说谎者往往会选择相信，而选择相信后，又不知不觉地走向“自证预言”。

除了口头宣示自己拥有高超的识谎本领之外，你还可以利用“道具”来虚张声势。在审问犯罪嫌疑人时，专业调查人员经常使用这一招。审讯室里的文件柜上贴上标签，上面用粗笔写上被约谈者的姓名以及“发现的证据”等字样，制造出已经掌握了很多证据的假象。调查人员在自己的笔记本里故意夹上一些看不清楚的文件，文件标题写上“××的供词”“××的豁免协议”等（这里的“××”指的是被约谈者同谋的名字），并且故意让嫌疑人看到这些文档及其标题，让他认为调查人员还有特别的情报。调查人员在审讯中还会出示装在证物塑料袋里的录像带，上面标明是录有证据的带子。此外，常用的道具还有写上嫌疑人名字的厚厚的文件袋。它会给犯罪嫌疑人以暗示，似乎关于这个案件已经积累了大量的证据。当然，伪造的案卷大小和薄厚会与嫌疑人所犯下的罪行成比例。如果携带一份大大的案件卷宗去审讯一个小偷，那就有些夸张了。总之，这些道具会迫使嫌疑人去推测调查员手头掌握了多少证据。嫌疑人的疑神疑鬼，再加上他的犯罪心理，都会增加调查员虚张声势策略奏效的机会。

这一招完全可以应用到日常生活中。一家大型房地产公司的老总，多年以来，会将一本关于识别谎言的书摆在书桌上。访客经常问他这本书是关于什么的，他会友好地告诉他们，揭穿谎言是他的一大爱好。如今，他自信在谈话中很少受骗，即使有，也能及时识别谎言。所以，在一场与会对象可能不诚实的面谈里（例如求职面试、询问偷钱的嫌疑人等），你可以用轻松的态度向对方表示，自己最近正在研究关于识破谎言的心理学读物，收获很大。还可以展示一下自己提前安排好的“道具”——书架上多本相关的心理学书籍。如此一来，对方便会对你的破谎能力多了几分畏惧。如果你是某个领域的专业人员，对识别谎言有一定经验，比如你是专业面试官，拥有面试考官资格证书；你是心理咨询师，曾获“优秀心理咨询师”称号，那你可以有意让对方注意到张挂着照片、奖状和证书的墙面，以此增加你的可信度和权威感。如此一来，对方便对你的破谎能力多了几分畏惧。多数人会因而放弃在你面前取巧行骗。倘若仍然有人要对你撒谎，那么他因为担心谎言被识破而出现的不安情绪也会随之增强，这时你要记得仔细观察对方所显露的各种相关征兆，寻找说谎的线索。

切记：你所展现的自信不可流于自满，这样可能适得其反。你必须在心里不断告诫自己，识破谎言并不是一件容易的事。只是这种“谦卑”别让对方看出来就行。

第二，将说谎妖魔化。

有些人对你说谎，可能并不十分清楚你对说谎这件事的容忍程度。

假如，你在说谎嫌疑人面前，将说谎这件事妖魔化，夸大你对谎言脆弱的承受力，也会令那些想与你保持信任关系的说谎者产生强烈的恐惧感。其实，这种方法在增强内疚感时也用过。这也说明，当说谎者本身就比较内疚自责时，你再对其强调谎言有多可怕，会更有效。尤其是当双方的关系很亲密时，你可以让对方深刻认识到，对你而言没有比被骗更糟糕的事了，谎言将严重影响你们之间的信任，借此强化对方对于说谎可能造成形象破灭的恐惧。若是你表现出的立场够坚定，对方将不再只把谎言当作逃避处罚的小把戏，而是攸关名声的危险。如果对方说谎的目的本来就是维护你们之间的关系，当他听到“对于我来说，再残忍的真相也比被骗好接受”时，他或许宁可选择诚实以对，也不冒险撒谎了。

对于那些会自发地选择放弃顽抗的人，把说谎妖魔化是十分有效的方式。这种人本身就不善于撒谎，也深知自己的谎言很容易被拆穿，撒谎可能是由于形势所迫，或者一时糊涂，现在有可能已经后悔。此时，你将说谎妖魔化，他往往招架不住，主动坦白。

第三，诉诸不实陈述所招致的具体苦果。

我们知道，谎言对于被欺骗对象的影响越大，说谎者的恐惧感也就越强。那么，我们不妨利用这一点，来增强对方的恐惧感。

假设你请某个装修队来修缮你的客房。装修队的负责人到你家看过之后，跟你打包票，承诺这个周末一定完工。你知道，不少装修队都是哪里催得急就先装修哪家，不急的就往后拖。你担心这个人也只是口头上这样讲，时间上未必能准时。这时你可以这样说：“太好了！因为有两位朋友下周一要来看我，他们会住我家，要是那时客房还没装修好，我就得请朋友们住酒店了，每一晚得多花好几百块钱呢。”倘若他真是在说谎，这时他便会郑重考虑，要不要重新评估，把时间说得更准确一点。如果他选择继续撒谎，那么至少他的惶恐不安会升高到可见的程度，你便可以看出端倪。

再比如，你把车子送修，汽修店老板告诉你，星期六（后天）之前就可以修好。但你知道，他这里需要维修的车辆比较多，中间一定还会发生某些事，很可能两天的时间里，你的车子都不会被碰一下，安安静静地被停放在维修车间里。然后你可以这样说："好吧，老板，后天可以。但是请一定要上心，因为我老婆怀孕了，预产期就在这几天，她随时都可能要去医院。我们只有这辆车，如果有任何原因，可能没办法在星期六之前修好，你一定要让我知道。"我相信，你说完这番话，老板一定会优先加快维修你的那辆车。

第四，适当使用钓鱼式问题。

什么是钓鱼式问题呢？钓鱼式问题的原则在于，用具体或模糊的"可靠"证据迷惑对方，刺激过错者表现出明显的紧张不安。我举个例子，你就清楚了。

某公司负责人发现公司储物柜的硬币箱被动过手脚，数月甚至数年以来一直有人偷里面的硬币。于是这位负责人把所有嫌疑人叫来，并询问他们是否介意提取指纹，以检验是否与该储物柜上的指纹相一致。最终，他提的这个问题使过错者坦白。有可能压根储物柜上就没有指纹，或者负责人也没有打算真正去提取指纹，但是为了虚张声势，扩大说谎嫌疑人的恐惧感，负责人就故意这样问。这就属于钓鱼式问题。当然，是否通过说谎来防止被骗或抓出过错者，由你自己决定。

如果你使用钓鱼式问题，态度一定要友好，不应该带指责语气。你可以这样伪装证据："那里安装了摄像头。有没有可能会在录像中看到你呢？"

遇到这样的问题，无辜者会完全放松，自信地回答："不可能。"然而，过错者会因为恐惧而紧张，他必须思考是要完全无视这个问题，还是先承认自己当时在现场。因为要思考，过错者往往会拖延时间，即使被多次追问，也不会像无辜者一样直截了当地回答，而是要些花招，比如"据我的记忆……"或"啊，有可能，因为我当时把东西落在办公室了”。

有些声明也起到了钓鱼式问题的作用，令潜在的说谎者不敢冒险。比如很有经验的面试官，在询问应聘者之前的薪水时，会顺便提到，我们单位会要求入职员工提供医疗保险的材料，薪水会在材料中显示。无论这是否属实，借此声明，她听到实话的概率将大大上升。

识谎者抛出钓鱼式问题，提供的“证据”必须具有说服力，而且要让“证据”在那一刻毋庸置疑，并让嫌疑人深信不疑，否则不容易激起过错者的恐惧。印度的圣猴断案就是这样。法官审案时告知受审者，如果说谎的话，一摸圣猴的尾巴，它就会叫；而诚实者一摸再摸，圣猴都会安安静静的。受审者听后不敢怀疑。法官于是将尾巴上涂了碳粉的猴子置于黑屋，让嫌疑人逐一进屋摸猴子尾巴。说谎者心虚不敢摸，而诚实者坦然，照摸不误，结果手上有碳粉的人自然就没有嫌疑了。在现代人眼中这种做法多少有点荒唐，但不难看出这种测谎方式有一定的合理性。

比较特别的钓鱼式问题，要数不在场证据检验了。听到对方的不在场证明后，你可以用一个小技巧检验真假：假装自己知道对方当时所在地的细节。电视剧《暴风法庭》中就有这样一幕。王志飞扮演的检察官童涛指控犯罪嫌疑人三月十七日那天参与了犯罪活动，而嫌疑人声称自己三月十七日不在本地，而是去了省城看球赛。法庭上唇枪舌剑，你来我往，真相与谎言、正义与邪恶，不断周旋。最后的焦点定在，嫌疑人谎称自己开着奔驰车以大约 170 公里的时速经春峰路回到家中。童涛明知对方撒谎，但由于取证困难，不得已在法庭上抛出了一个钓鱼式问题。他编造了一个天灾加人祸的故事，意在说明当天下午春峰路上发生了严重车祸，造成了绝对性堵车，嫌疑人不可能以 170 公里通过这段路。为了让嫌疑人信以为真，童涛还将假的证据资料呈给法官。就在法官阅览证据的同时，童涛加紧攻势，最终逼得嫌疑人承认了说谎。虽然童涛也因为在法庭上提供伪证，受到了惩罚，但是他利用钓鱼式问题确实攻破了犯罪分子的心理防线，将其绳之以法，也为国家挽回了损失。

不在场证据检验问题同样适用于日常生活。假如男友告诉你，他昨晚在家里待着。你可以问他当时对面救护车的声音是不是真的像邻居说的那么吵。同样的原理：无辜者状态放松，过错者更加惶恐。

◎ 测谎技巧之恶人先告状

如果你正在调查一件坏事是谁干的，而嫌疑人只有两个，那么过错者往往会说谎，将罪责先推卸到另一个人身上。这属于恶人先告状。

不要觉得这句话没有科学道理。它实际上反映了心理学上的首因效应。首因效应本质上是一种优先效应：当不同的信息结合在一起时，人们总是倾向于重视前面的信息；即使前后信息不一致，人们也会屈从于前面的信息，以形成整体一致的印象。当然，恶人不见得懂得什么首因效应，但是恶人做了坏事他自己是清楚的。面临事情快要败露，而自己又是重要嫌疑人时，恶人往往不会坐以待毙，出于因害怕想自保也好，出于将水搅浑也好（甚至本身就是想栽赃陷害另一个嫌疑人），会率先发难，倒打一耙，以占得先机，将善恶混为一谈，好扭曲事实真相。而无辜者本身没有做过错事，虽然可能害怕被冤枉，但一般都是否定做过错事，还不至于先去控告别人。因此，这种情况下，先告状的往往是恶人，是说谎的那一个，是干坏事的那一个。接下来请你当一次皇帝，判定一下到底是谁扰了你吃生梅子的雅兴，该治谁的罪。

三国时期，吴国皇帝孙亮喜爱吃生梅子，吩咐太监去库房里取来蜂蜜渍梅。孙亮津津有味地吃着，忽然在蜜中发现了一颗老鼠屎。大家都吓得面如土色。太监连忙跪下奏道：“这一定是库吏渎职所致，请陛下治罪。”

库吏被召到堂上。孙亮问他：“刚才太监是从你手上取的蜜吗？”

库吏战战兢兢地回答:“蜜是臣下交给他的，但给他时并没有鼠屎。”

“胡说！”太监指着库吏的鼻子叫道:“鼠屎早就在蜜里了，这是你欺君罔上！”

太监一口咬定是库吏干的，库吏死不承认，说是太监放的。两人在堂上争执不下。

有两个大臣出列奏道:“太监和库吏言语不同，难以决疑，不如押进监狱，一同治罪。”

现在作为皇帝的你能判定谁在说谎吗？要治谁的罪？该听太监的，还是该听库吏的，还是要听那两个大臣的？

依照前面所讲，先告状的嫌疑最大，说谎的应该是太监。因为在皇帝刚发现老鼠屎时，太监立马指控是库吏渎职造成的，还请求皇帝治库吏的罪。虽然库吏当时并不在场，不可能立马指控太监，但是当库吏被召到堂上时，他只是对事情做了陈述，并没有像太监指控他一样，去明确地指控说这个事情就是太监干的。那么这个判断对不对呢？请继续观看。

孙亮环视众人，说:“此事不难。”马上吩咐卫兵当众剖开鼠屎。大家定睛看去，只见鼠屎外面沾着蜜汁，里面却是干燥的。孙亮哈哈大笑，说道:“要是先在蜜中，里外都应浸湿；而今外湿里燥，显见是刚才放进去的。这一定是太监干的事！”

太监吓得浑身哆嗦，连忙扑通一声跪下，磕头求饶。不出所料，果然是太监在说谎！虽然你可能想不到像孙亮那样利用鼠屎去断案，但是假如你对恶人先告状这个规律有所了解，对你日常生活中识破谎言探寻真相还是有一定帮助的。

要知道，人们看待世界的方式，通常反映了人们对自身的观感。如果一个人认为，世界只不过是一个充满谎言的泥潭，那么他自己可能也是个骗子。常常无凭无据指责别人有问题的人，往往是自身有问题的人，就像故事中恶人先告状的太监一样。

当然，如果嫌疑人不是只有两个，过错者很可能不会率先指控对方，那样更容易暴露自己。但是在你提出怀疑问题“你觉得这件事最有可能是谁干的”时，无辜者和过错者的思维模式也会出现典型的差别：无辜者的思维会一直围绕“谁的嫌疑最大”，可能会指出具体的嫌疑人，并给出有说服力的理由。过错者则希望尽可能地将自己置于案件之外，因此往往会声称不知道。无辜者还有可能为某人作担保，帮助你缩小嫌疑人的范围，但是，过错者往往不会这么做，相反，他有可能会误导你扩大调查范围，混淆视听，给调查增加难度。

◎ 行骗的快感

说谎并非只会带来恐惧感与内疚感这类负面情绪，它确实也会引发正面情绪，不论是预期说谎将会面对的挑战，或是正在进行欺骗的行动时。因为成功与否尚且未定，说谎者都可能会感到某种刺激与兴奋。至于事后随之而来的，可能是松了一口气的愉悦、完成一件事的得意，或是对受骗对象轻易上当的轻蔑。下面分别介绍这三种具体的快感。

一个人处心积虑地想骗过另一个人，假如最后成功了，对方相信了他的话。此时，你猜他会不会松了一口气，心里暗暗说“终于蒙过去了。太棒了”？当然有可能。比如，你的手提箱里放了走私物品，生怕被海关关员查获，心里战战兢兢，如履薄冰，不料最终顺利蒙混过关。此时，你肯定会有那种松了一口气的愉悦感。

完成一件事的得意更多地体现在有旁人观战，或者受骗者貌似比自己厉害的情况。小品《卖拐》中的“大忽悠”，每次骗完人都一副扬扬得意的表情，还向一旁的老婆炫耀。小孩子捉弄大人时会经常难掩骗人后的得意。你问他，是否见过某个人，如果他想故意捉弄你取乐，即使见过也会说没见过，或者没见过也跟你说往那边走了。你相信了他的话，他就忍不住地哈哈笑起来。其实伊索寓言《牧羊的孩子和狼》中的那个说谎的牧羊娃，就属于这种情况。他当时自言自语地说："我要是叫他们相信狼来了，那一定很好玩。"可见，他说谎的初衷就是捉弄大人们，缓解寂寞。所以，当他看到附近村里的人都拿着棒子急急忙忙地跑来了，自己果然成功地骗来了众人，自然很是得意。不过，这种得意也促使他一而再再而三地说谎骗人，最终自食恶果。

而对受骗对象轻易上当的轻蔑，则表示这个骗子很可能是惯犯。一是骗术高超，二是有些心理扭曲。对说谎骗人，不以为耻、反以为荣，对受骗对象很轻视、很冷漠。自认为比受骗者更有本事，说谎骗人赋予他驾驭别人的快感，或者说是权力感。我觉得赵本山饰演的"大忽悠"就属于此类，他可以反复诈骗同一个人而不觉任何良心上的不安。一句"他还得谢谢咱"足见其对受骗者的轻蔑。

德国心理学家雅克·纳斯海还讲过一个实例。德国有一位骗婚者，同时与多位女性交往、订婚甚至结婚。其中一位受害者说，那位男性骗婚者能把不愉快的事情高兴地描述为最好的体验。他有一次对自己说，他又得整夜在雨中站在舞厅门口了。他自称拥有一家安保公司，当时正穿着一身印有"安保"二字的黑色制服，揣着手电筒，说完这句话就一脸高兴地离开了。这位骗婚者的感觉并非假装，而是真心实意但却不合时宜的愉悦感。这种不合时宜的愉悦感中就含有一种蔑视对方的快感。

◎ 快感的强弱

欺骗的快感也有强弱之分。如果同时强烈地担心被识破，说谎者可能一点快感都没有，但一旦成功骗过对方，却可能兴奋不已，以致泄露某些行为信号而导致失败。骗局得逞之后，有些人可能憋不住心中的得意，搬出来要与人分享。这种例子很多，说穿了不过是说谎者的虚荣心在作祟，想以此炫耀自己有多么聪明罢了。

说谎之所以刺激，在于类似登山或下棋，其间存在着失败的风险。如果愚弄的对象是出了名的不容易上当，挑战的难度很高，快感就随之增加。如果旁人知道即将有好戏上演，也会增加欺骗的快感，等着看好戏的人不一定要在现场，只要有所期待，就会让当事人跃跃欲试。一旁若有人在场，说谎者更会乐在其中，甚至不免沾沾自喜，这时候想要压制种种行为信号也就难上加难。这种情形就像一个小孩在哄骗另一个小孩，而其他的伙伴在观望，这个小孩想到他正在给那么多人提供笑料时，那么多伙伴都在关注自己时，就得意地忍不住笑了出来，于是被骗者发现了其中的猫腻，谎言也就收场了。

值得注意的是，人们说谎时有可能在同时或相继产生快感、恐惧感与内疚感等不同的情绪。比如，谎称身体不舒服不能上课，却跑出去打游戏的学生就可能三种情绪都能感受到：把家长和老师蒙在鼓里，过一把游戏瘾，可以快意一时；害怕谎言被识破，受到责罚，难免惴惴不安；想到自己违反校纪班规，又辜负老师和父母的信任和期望，内疚感也因而升起。

◎ 利用这种快感

经验丰富的说谎者，已经不太会产生恐惧不安或内疚感那类情绪了，撒更多谎反倒会为他们带来更强烈的快感。还有就是爱开玩笑的孩子，他们也往往难掩这种快感。

说谎的快感不论是哪一种，如果不能小心掩饰，都有可能让谎言穿帮。那么，我们如何看出，某个人正在为自己行骗得逞而沾沾自喜呢？这个不难。欢愉的典型征兆就是密集的动作以及明显的笑容。你会看到说谎者兴奋地动个不停，甚至还会呈现出一副眉开眼笑的表情。当然，有时当谈论的话题跟对方的情绪状态明显不符时，你也要注意了。比如，你在安慰声称考砸了的同学，对方却是一脸憋笑的模样。

还有一点就是，说谎者在认为说谎得逞时，可能会放松警惕，内心窃喜，特别是当他们认为对他们说谎的怀疑已经消失之后，或者认为测谎者已经相信了他编造的谎言时。假如你是测谎者，在跟说谎嫌疑人谈话时，就可以充分利用这个心理现象。比如站起身，同时整理衣服，造成谈话已经结束的假象。当嫌疑人起身准备离开时，你再突然叫住他，令其重新坐下，同时询问一个关键的问题。嫌疑人没有预料到你此时还会提出另外的问题，很可能会说漏嘴，讲出一些实情。

第五章 | CHAPTER 5 |

增加认知负荷

说谎者往往需要更多的时间和精力去思考、记忆，才能让谎言听起来合理可信，同时也不会与之前已经说过的内容自相矛盾。在另一方面，说谎者还需要注意自己的身体动作、表情和姿势等，努力使自己看起来和正常时区别不大。要同时做到这两点无疑大大加重大脑的负担，出现认知负荷，比如瞳孔扩张、眨眼次数增多、注视减少、反应时间变短、语言错误、犹豫更多、负性语句更多，以及无关的信息更多等。这些线索，也是可以帮助我们识别谎言的。基于认知负荷进行谎言识别主要包括两种方式：一是直接观察认知负荷的外在行为表现；二是先进行认知负荷干预，就是增加说谎者的认知负荷，然后再观察认知负荷的外在行为表现。本章将就此展开介绍。

◎ 从认知的角度谈说谎

认知，是指人们获得知识或应用知识的过程，或信息加工的过程，这是人的最基本的心理过程。它包括感觉、知觉、记忆、思维、想象和语言等。人脑接受外界输入的信息，经过加工处理，转换成内在的心理活动，进而支配人的行为，这个过程就是信息加工的过程，也就是认知过程。想要说出合情合理的谎言，就要经历一个处心积虑的心理过程。从认知加工过程的角度，我们把说谎分为意图阶段、执行阶段和反馈阶段。

意图阶段的主要任务就是谋划说谎。说谎者首先要思考自己当前面临的情况是否有说谎的必要，如果有必要说谎，那接下来要思考怎么说才能让人相信。之后就进入了执行阶段。在这个阶段，说谎者需要隐瞒客观真实的信息，同时要把错误或者虚构的想法表达出来。这就要求说谎者必须妥善解决真实反应的倾向和需要做出与事实矛盾反应的需要之间的冲突。一般人说谎都是在高压力环境下进行的，说谎者很清楚自己的真实想法。为了避免说出自己的真实想法，说谎者会尽量不去触碰真实的部分。对于真实部分，说谎者会尽量少说或者回避此类信息。或者在说到真实的内容时，顾左右而言他。说谎者需要表达出自己的非真实想法，这样就需要更多的话语去弥补。因此，说谎者说话可能比平常更多，且说话的逻辑会更差一些。同时，说谎者面临更大的冲突，所以说话的语言比平常更加别扭，没有平时说话时顺畅。

在决定说谎、隐藏真实的想法、执行错误的行为后，说谎就进入了反馈阶段。只有自己说谎不被揭穿，才算成功。在与对方交谈的过程中，说谎者更在意对方的反馈。低水平说谎者更害怕看对方的眼睛，害怕反馈干扰其说谎行为的完成。而高水平说谎者会更关注对方的反应，如神态、语言，并及时调整自己，迎合对方的口味，规避谎言的破绽。总之，说谎比说真话对人的认知要求更高。相对于说真话，人在说谎时既要监控说谎对象的反应，又要监视和控制自身的行为，还要不时地提醒自己做好伪装和角色扮演等。这些额外的心理和行为反应需要更多认知资源的支持，也导致了说谎者更大的认知负荷。认知负荷是指大脑在专注思索一个问题、结果或记忆时，会自动排斥其他思维。如果他在被问到关键的问题之后，脸色突然大变，就表明对方产生了认知负荷，迫使他需要深入思考。说谎嫌疑人在这种情况下通常会说“麻烦再重复一下”之类的话，借以转移注意力，从而争取更多的时间来思考。

认知负荷过大会发生什么情况呢？认知负荷过大代表认知资源紧张。我们以认知资源中的自我控制资源为例来讲。人在执行日常的任务或是处理较难的工作时会消耗一定的能量，此时这种能量就处于不饱满的状态，并且会在接下来的任务中表现状态不佳，不能很好地解决问题或是达不到自己想要的目的，这种能量叫作自我控制资源。由此可见，自我控制资源作为人的一种认知资源，具有一定的量，并不是用之不尽的。人们做一件事所用的自我控制资源越多，用于完成其他事件的资源就会减少，就不能达到满意的效果。这时就需要人调整自己的状态，努力恢复自己的自我控制资源，使自己更好地完成任务。

自我控制资源充足时，可以更好地控制自己，听从意志的安排并做好自己想做的事情，达到自己想要达到的目的。但是自我控制资源衰竭时，人容易出现不恰当的反应，也就是说自己无法控制自己，不知道自己接下来要如何有效地完成事情。比如，当人们大脑处于疲劳状态并且认知资源耗尽，再遇到其他事情时，就没有能量去解决和面对这些事，包括说谎。

其实，并不一定要使大脑处于疲劳状态，只要大脑负担增加，一些事情就可能无法顺利推进。比如，在无人的高速公路上，熟练的汽车司机可以一边开车，一边和车内的人说话。他之所以能够同时进行两种或两种以上的活动，是因为这些活动所要求的注意容量没有超出他所能提供的容量。若在行人拥挤的街道上开车，大量的视觉和听觉刺激占用了他的注意容量，他也就不能再与同伴聊天了。可见，人的认知资源是有限的，人在面临不同任务时，会选择性分配控制资源。当一项任务完成，临时再加一项任务时，动力可能会减弱，如果持续进行下去，就可能运转不下去。

古时候百步穿杨的故事也能给我们同样的启发。楚国有一个叫养由基的人，射箭技术很高明。他站在离柳树百步远的地方射柳叶，每发必中。围观的人都拍手叫好。有一个过路的人说："射箭技术的确不错，可是还得我教一教。"养由基听了，很不愉快，说道："大家都说我射箭技术很高明，你还要教我什么？"那个人回答说："我不能教你挽弓射箭，但我懂得了一个道理：百步射柳，百发百中。但是如果不知休息，在喝彩声中，连连射箭，不一会儿，就会精疲力竭，弓不正，箭偏斜，一发不中，就前功尽弃了。"说谎实际上也是一个技术活，开始时说谎者的认知资源充足，顺利地瞒过了对方，但是如果让他一直说、一直编、一直演戏，认知负荷越来越大，那么迟早他的认知资源会被耗尽，露出马脚，前边掩饰得再好都无济于事，很可能不用等到资源枯竭就演不下去了。这就像养由基射箭一样。他不可能永远百发百中，如果不知道劳逸结合，很快就会精疲力竭，到时自然无法保持较高的命中率。

警察在审讯犯罪嫌疑人的时候，常常采用疲劳战术就是想通过耗费嫌疑人的认知资源来迫使其露出马脚。刚开始的时候，嫌疑人还可能坚持不说真话，有很清晰的思路，但是经过一段时间，他们的自我控制资源有了一定的消耗，在接下来的审讯中，这种消耗自我控制资源的疲劳战术就有可能突破他们的底线。嫌疑人一开始不想承认自己的罪行，保持一种抵抗的姿态。为了不暴露自己的罪行，他们选择说谎，但是经过警察轮番"轰炸"，他们的自我控制资源出现衰竭，此时没有多余的资源再去编造谎言了，从而导致逻辑混乱、漏洞百出，只能为自己的行为承担相应的后果。

◎ 与认知负荷相关的面部和身体姿态线索

提及面部线索，人们最熟悉的可能就是面部表情了，但也还有一些人们可能不太熟悉也不太常用的面部线索，如瞳孔大小、眨眼次数、注视方向等。事实上，在人类所有非言语交流的渠道中，面部可以说是最复杂的信号系统。

眨眼率是与认知负荷相关的、能够揭示谎言的有效线索之一。眨眼是眼睛的一种半自动功能，受身体内部因素和外部环境的影响。一个眨眼通常会持续 100~400 毫秒，特点是快速张开和关闭眼睑。人类眨眼有两种类型：反射性眨眼和自主眨眼。反射性眨眼是响应外部刺激（如眼里进沙子了）而发生的，是一种无须任何意识控制而自动产生的眨眼。自主眨眼则与认知负荷有关，并且能够有意识地控制。

研究者假设说谎时因认知负荷增加，眨眼次数会减少，而说谎之后眨眼次数会增加。他们记录了参与者说谎行为过程中的眨眼次数，发现说谎者和说真话者的眨眼率有明显区别，说真话时参与者的眨眼率有所增加，说谎时眨眼率则变得很低，在说谎之后达到峰值。那么，如何解释这种现象呢？眨眼频率的提高表示一个人内在感受或情绪（如兴奋、惊恐）的稳定性发生变化。当说谎者面对一个外界的刺激（比如关键性的提问），在还没有回答时，因为大脑正在努力思考怎样来应对，眨眼率提升；等想好了之后，在说这句谎话的时候，眨眼率是下降的，等到说完之后，大脑又变得紧张了，由于会密切关注听话者的回应，好决定接下来如何应对，此时眨眼率来到了最高点。

瞳孔反应也是一种线索，瞳孔的大小也与说谎有关。研究表明，与说真话相比，说谎时瞳孔有更大程度的扩张。瞳孔的大小随着认知负荷的增加而增加，欺骗性回忆比真实回忆需要更多的认知处理，这样制造欺骗性回忆时瞳孔扩大也就很自然了。另外，个体说谎时会更紧张，会引起较高的整体唤醒水平，伴随瞳孔扩大。因此，瞳孔大小的改变可以作为鉴别说谎的一个参考指标。不过由于紧盯一个人的双眼不礼貌，容易给别人带来压力，让他感到不舒服，会影响这个线索的利用。更重要的是，我们中国人的瞳孔颜色和眼球颜色之间的色差不够大，除非距离对方很近，否则看不清楚瞳孔的变化。这个线索对白人来说更有效。很多白人的瞳孔是黑色的，而眼球是淡灰色或蓝色，二者色差大，当瞳孔变化时，容易辨认。

有研究发现，人在高认知负荷条件下会忽视身体语言的使用，因此说谎时的肢体动作也会更少。比如，阐述性动作的减少就跟认知资源的匮乏相关。尤其是当说谎者事先准备不够充分，或者碰到意想不到的问题的时候，阐述性动作会减少。有时即使是事先经过充分的准备，由于情绪被唤起，说谎者想要控制情绪而导致认知资源匮乏，阐述性动作也会减少。实际上，说谎者的行为控制也会使得其肢体动作减少。这部分内容会在第六章介绍。接下来介绍与认知相关的言语线索。

◎ 可疑的记忆短路

记忆是一种相当个人的事，这也是为何没有什么会比靠着回忆陈述更为简单却也更难测定真假的事了。每个人都会经常忘记一些事情，尤其是日常琐事，但对于那些非常重要的事情，我们一般都不会忘记。如果问你上周二晚饭吃的什么，肯定很少有人会记得。但如果那天是你的生日，晚上全家人一起为你庆祝，吃了什么你还会忘记吗？所以说这得分情况而定，有时还取决于询问的人是谁。在某些人提问时，被问的人也许会故意否认他记得某事。因此首先你必须看我们所询问的事情的性质，对于这样的事，是不是在大多数情况下人们都会记得？在进行犯罪调查的时候，一些被讯问的人常利用这样的武器。

举一个真实的例子。在一个案件中，负责外围侦查的检察官们在嫌疑人魏某远的车上搜到了两串钥匙，一串已经核实用处，而另一串上有两把金属钥匙和一张房卡，不知是用在哪里的。在检察官和民警找魏某远询问这串钥匙是哪儿来的时候，他愣了一下，说不知道，想不起来了。办案的检察官也没再问，把钥匙收了起来。但他敏锐地意识到，这串钥匙里一定隐藏着魏某远的秘密，否则，他就直接说出钥匙的来历了。也就是说，检察官根本不相信魏某远的话。事实证明，魏某远确实撒了谎，眼看事情败露，他再三要求见检察院的领导，先把那张房卡的地址讲了出来。故事中的嫌疑人对从自己车上发现的钥匙居然声称不知道，这明显不符合常理，也就证明他说谎的嫌疑非常大。顺藤摸瓜，就不难找到他的把柄。

重要的事件会长期保存于记忆中，不论是美好的还是可怕的。一些关键的时刻甚至会一辈子伴随着我们。尽管如此，某些重要的事情，例如第一天上学或是第一次约会，也有可能会随着时间的流转而在我们心中逐渐磨灭。基本上，造成遗忘有两个主要原因：若不是事件不重要，就是年代太过久远。所以，当你询问某人一件最近发生的比较重要的事情时，而他给了你如下之一的答案，那么你就要警惕了，因为也许这个人正企图欺骗你。这些答案包括“我记不得了”“我想不起来了”“我记得不是那样”“那个我记不住了”“这件事我全忘了”“我只能记住这些了”“我最多也只能回忆起这些了”“不在我所记忆的范围内”“我脑子有些蒙，想不起什么事来了，让我再想想”等。基本上，偶尔带有记忆缺口的自白较为可信，因为人不可能记得所有细节。倘若对方能够回忆起同一时间里的一些不重要的小事，反倒把关键的事情给遗忘了，这无论如何都是相当可疑的。有的人甚至想都没想，随口就说不记得了，那更是可疑。

同样的，对于一件普普通通的事情，一般人很难回想起所有的实情和细节，某人却能轻松地把事情交代清楚，表示他很可能有所准备。举例来说，你问某人一个月前的某一天去了哪里，演练过的答复可能会是：“我早上 8 点出发去上班，中午没回来，在单位食堂吃的饭，下午五点半离开公司，约了老秦去吃粤菜，直到晚上 7 点 45 分才结束，然后就直接回家了。”如果他能够一五一十地说出当天做了什么、去了哪里，就非常不对劲了。大部分的人通常连昨天早餐吃了什么都记不起来呢！

如果你不确定对方是否对事件保存着比较完好的记忆，不如参考一下审讯专家的做法。许多审讯专家便喜欢从案发当天的小细节开始问起。比如何时做了什么、吃了什么这类细节，被审讯者如果想通过自己"清晰"的记忆误导审讯人，这些问题都可以很可靠地"回想起来"。接着，审讯专家会突如其来地改问前一天或后一天的事。这时被审讯者可能会突然想不起来那几天究竟发生了什么事。倘若某人对于与问题事件有关的细节知之甚详，可是对其他的事情却一无所悉，那么他八成是在说谎，因为他的记忆短路实在太不正常了。

◎ 不该发生的记忆错乱

说真话涉及的是记忆提取或记忆重建。说真话就好比你从记忆仓库里取东西一样，把之前亲身经历的事情回忆起来再描述一遍就可以了。事实可能会被重组，但不会错乱得面目全非。因为面目全非的肯定不是事实。古时候有这样一个故事。李靖担任岐州刺史时，有人告发他谋反。唐高祖李渊命令一位御史来审判。御史知道李靖是被诬告的，就请求和原告同行。走过几个驿站后，御史假装原状丢了，非常恐惧，鞭打随行的官吏，于是请求原告再另外写一张状子。对方于是再写一份。御史拿了新的状纸，又拿出那份所谓已经丢掉的原状，两相对比，果然错漏百出，出入很大，御史马上回京城向李渊汇报，于是一场诬告阴谋败露，李靖有惊无险，原告被判死罪。

故事中，御史诈称原状丢失，让原告再写一份，其实无异于一次测谎实验，只是不让被测验者觉察出来而已。御史明白，如果控告不属实，那么撒谎的人再重写状纸的时候肯定会和第一份有很大出入，况且已经告知原告之前的状纸丢失了，使其对自己的胡编乱造少了一些顾虑。果不其然，新写的诉状跟原来的相比已经面目全非了。御史不能直接证明李靖是冤枉的，但他通过两份诉状的巨大差别、严重混乱，证明了控告的荒谬，从而洗清李靖的冤情。

同样的，如果故事中的原告新写的状纸和原来的一模一样，也很可疑。因为正常的情况下，人们对一件事情的描述多少会有些差异，观点与用词多少都会有点改变，会重组语言。在某个针对幼儿进行的实验里（询问有关他们的玩具），当人们连续两次用完全相同的问题去询问幼儿时，他们第二次给的答案多半会与第一次的答案有所出入。之所以会产生这种反应，其实是因为他们认为，必定是由于第一个答案不对，别人才会再问一次。基本上，我们就是被这样教育的，师长们之所以要复述他们的提问，无非就是因为我们先前的答案不对。所以，我们在描述一件亲身经历的事情时，语言上的重组是很正常的，有时完全一致的回答反而可疑。

2007 年第 79 届奥斯卡金像奖最佳外语片《窃听风暴》中有一段问讯官的讲述："从他的供词中，你们发现了什么？""完全相同，一字不差，由此可知，227 号在说谎。说实话的人会重组语言，说谎的人早就准备好了说辞。"这个说谎者在面对重复询问时，在陈述的内容、陈述的顺序上保持的高度一致反而让自己原形毕露。

◎ 过度脚本化的陈述

前面已经说过，说真话涉及的是记忆提取或记忆重建，那么说谎呢？说谎则需要想象或基于脚本知识虚构故事。说真话可以理解为是搬运东西，而说谎更像是创造一个东西，因此说谎比说真话更难、更复杂，具有更高的认知负荷。准备要说谎的人，也知道编一个合情合理又能让对方相信的故事不容易，自己可能没有小说家一样的想象力。所以只要有可能，说谎者大都会提前准备以应对别人的调查。提前准备自然有助于说谎者顺利地把谎话传递出去，降低临时编谎承受的压力，但是提前计划和复述故事也可能会导致过度脚本化的陈述，其结构化程度和时序性都要强于真实的陈述，例如“我开始先……然后发生了……然后……最后……”。如果他的说辞听起来像是排练过的，那么极有可能的情况是，他预期你会提出这个问题，并对自己的陈述做了编排。

由于谎言是经过编排的，因此它们多半是顺着叙述。倘若某人是诚实的，那么他所讲述的事情基本上会是毫无章法。遭受性侵害的被害人在陈述经过时经常会跳来跳去：“我怎么会这么傻……他把我浑身都摸遍了……我认识他的时候，他看起来很正常啊。”倘若某人明明该表现得有些激动、语无伦次才对，却能平心静气地从头说到尾，不免令人起疑。不过倒是有一种例外情况，倘若对方已经不止一遍地陈述过整起事件，那么他的叙事当然可以有条不紊。总体上来看，谎言的内容会缺乏弹性，陈述起来也往往十分平顺，所以结构化和时序性较强的陈述多半代表着谎言。

同样的，如果对方的问话也像是模式化的、过度脚本化的、提前编排过的，那么回答者也不必那么在意。不是说不需要认真回复，但是要点到为止，因为对方很可能只是在例行公事，对你的回答并不会太上心。一个法资公司的老板每年都要环球巡游一次，听各分公司的行政总裁述职。当然，也顺便见一下各国雇员。只是全球数万张脸孔，哪儿记得过来？于是他每年都固定有序地只问三个完全相同的问题：你是哪个大学毕业的？学的是什么专业？何时来到我们公司的？大多数员工都知道，这只是老板的例行问话。但有一个IT工程师把这话当真了，回答完“我的专业是建筑设计”之后，还在解释自己从建筑设计师转行IT领域的原因。结果，说到一半就被不耐烦的老板打断了：“好像有个挺长的故事是吗？无论如何，我代表公司感谢你的努力工作。”

◎ 缺少细节

确实，正如上文所说，编造谎言不是一件容易的事。缺乏个人真实的经验导致说谎者不敢给出较长的答案。特别是那些准备不足的说谎者，由于很容易一下子无法想到充分、令人可信的细节，不得已只能给出较短的答案。表现很差劲的说谎者有时直接套用你的话来回应。你可曾注意到，早上你走进办公室，其中一个同事对你道一声“早上好”，你也回他一句“早上好”，如果那位同事对你说“嗨”，你就回一声“嗨”，你根本没兴趣用大脑想，就照着他的话做回应。类似的情况是，当你指控一个人时，如果他是在毫无准备的情况下被逮，手无寸铁，又没有时间思考，就会套用你说的话，做出否定回答。把肯定句转换成否定句，是最快速、最简单做出反应的方法。“你打他了吗？”“我没有打他。”“这件事情就是你做的！”“这件事情不是我做的。”“是你偷的那笔钱？”“不，我没有偷钱。”他之所以套用你的话，急着回答，很可能是因为他确实欺骗了你，回答稍有延迟，怕你起疑心，但又没时间思考和组织语言，于是就选择了这种最简单的回应方式。

有的说谎者即使给他时间，或者在他熟悉的领域也难以编出像样的谎言。有这样一个案例：一位猎人声称，一只狍子跑进了他全新的奔驰车并对其造成了损坏。于是调查员找到这位退休的猎人，并问他：“这只狍子长什么样？”对方回答：“普普通通。”接着调查员又问他：“皮毛的颜色是什么样的？”老猎人回答：“不深不浅。”接着调查员又问及狍子的身体大小，他又只回答“不大不小”。要知道，他可是一个老猎人。如果是门外汉这样回答还情有可原，但与动物打过多年交道的老猎手必然不会如此回答，而应该是给出更详细的介绍，细节会更丰富才对。因此，调查员确信对方在说谎。很快，老猎人就交代了为了骗保而说谎的事实。这个故事可以作为缺乏细节而露馅的典型，同时也说明说谎者有时就是难以编造出丰富的细节，尤其是老年人。当然，有些人编造的谎言看上去细节很丰富，但是往往细节只聚焦在某一方面，这也是很可疑的。

事件中出错、不完美的部分，就是一个常被说谎者遗漏的细节要素。诚实的人在他们的故事中会讲述积极的信息，也会讲述负面信息，说谎者很少会谈到负面的信息。虚构捏造的事件，几乎不包含任何负面的细节。说谎的人只在意把故事情节交代清楚，其想法是单方面的。你若问一个朋友度假的经过，其一定会陈述旅途中所有正面与负面的经验，如沿途的风光、美味的食物、不一样的风土人情、路上的拥堵、班机误点等。然后你再要求某人虚构一个度假经验，你会发现几乎哪哪都是正面的，遗失行李、手机被盗这种乱子，绝不会发生在捏造的旅行中。当然，如果你要对方解释耽搁或取消计划的原因，你可能听到的全是糟糕的一面：雨雪天气、车间休息、工作量太大，等等。因为他捏造事实就是为了向你证明他没有犯错，别忘了，逃避惩罚是一个人说谎的重要动机。

另外，高明的说谎者虽然十分小心地陈述某个事件的细节，但常常会遗漏一个关键要素——他人的观点或意见。这是因为陈述他人的观点或意见，等于是为事件细节加入了另一个方面，说谎者通常没有聪明到能够达到这种思维层面。他或许把其他人也编入陈述的事件中，但其他人的想法则往往被忽略。假设你问男朋友昨晚的行踪，他说昨晚加班到很晚。你不相信，于是进一步发问，他昨晚吃了什么，和谁一起吃的。他可能这样说："噢，我昨晚不怎么饿，但因为要加班，就先跟同事去楼下的面馆吃了碗老北京炸酱面，但我吃得不多。"或者这样说："哦，我昨晚不怎么饿，不过因为得加班，怎么也得吃点。就跟同事去了楼下的面馆吃面，他最爱吃那家的老北京炸酱面了。看到我没吃完，他居然嘲笑我暴殄天物。”这两个回答包含的信息几乎完全相同，但第二个回答多了他人想法的层面——同事的观点。而我们会直觉地认为第二个回答比较可信，也比较可能是真的。未包含他人观点的答复，虽然不至于全是假的，但包含他人观点的答复，通常代表你所听到的是真话。

◎ 话语中断

诚实的人因为不需要多余的时间更改事实，因此回答相同问题所需要的时间自然比说谎者短。说谎者回答问题前会犹豫再三，以便重新组合出意思相反的说辞，同时还必须确定如何表达，并且要判断别人的反应。此外，说谎者还必须给所说的内容配上适当的情绪。这些都会导致说谎者在回答相同的问题时比诚实的人用时更长。尤其是在问题来得很突然，说谎者没有准备的情况下，这种现象更明显。

举个例子，一家知名的连锁餐厅在选聘员工的过程中，运用了一个“回应计时测验”。面试者询问应聘者是否有种族偏见，或与某些人共事，为某些人服务是否会感到不自在。结果显示，不存有种族偏见的人，很快就做出回答。存有偏见的人则需要较长的时间考虑问题之后才说出答案，他们试图说出“正确”的答案。另外，在回答了“是”或“否”之后，说实话的人会很快地接着加以解释；说谎的人就慢多了，因为他们需要时间想出一个解释。因此，回答问题的速度是判断一个人是否在说谎的参考指标。而如果从回复的速度来看，有的人会快一些，有的人会慢一些，但话语中断肯定是明显的疑点。这里的话语中断包括停顿和支吾躲闪。

停顿是谎言最常见的言辞信号之一。说谎者往往停顿时间过长。停顿时间指的是每个人在一句话与另一句话之间的间隙时间，或听到问题后回答的反应时间。一般人的停顿时间在 0.5~3 秒之间。性子急的人停顿时间会短一些。过短的停顿容易给人急躁的感觉，但过长的停顿则意味着对方在思考如何应答。谈及关键性问题，特别是在说出某个重要的回答之前，若是对方发生了不寻常的停顿，就是一个警讯。仿佛陷入思考般的停顿是说谎行为的一个明显特征。在观察说谎嫌疑人时，你必须问自己一个问题："对方是不是正在琢磨着怎么编瞎话？"

当然，说谎者也知道完全停下来什么也不说或保持沉默肯定对自己不利，容易引起别人的猜疑或反感。因此，说谎者可能会在讲话的过程中通过不断重复"嗯""啊""哦""这个""那个"等词语，来填补话语之间因思考导致的空缺，给自己更多的时间来组织思路，以编造出听起来更合理的解释或理由。尤其，当说谎者之前没有准备，面对突如其来的问题可能讲起话来会结结巴巴、支吾躲闪、嗫嗫嚅嚅。由心理学教授艾伯特·哈里森所主持的一项实验也显示：不诚实的回答会明显出现延迟的现象。毕竟，要编造出一个复杂的谎言确实费力，说谎者必须构思好该有的说辞。当然，有时一个人的表达能力弱或要表述的事情很复杂时，也可能会出现表达断断续续、不连贯、支支吾吾的现象。但是，如果一个平时口齿伶俐、思路清晰的人，在没有任何合理的解释的情况下，说话支支吾吾、犹豫躲闪、不清不楚，这种情况和长时间停顿一样可疑。

有这样一个真实的案例。李某的出租车被陈某驾驶的汽车剐蹭掉一块车漆，经交通管理部门勘查认定，陈某承担事故的全部责任。李某向陈某主张 400 元的维修费用及因车辆受损被迫停运 5 天的损失 3000 余元。由于剐蹭较轻，陈某对 5 天的停运损失无法认同，二人僵持不下，闹上法庭。庭审过程中，原告李某既无法提供确切的证据证明，又支支吾吾、闪闪躲躲，法官敏锐地察觉到，这里面似乎有"猫腻"。为了查明真相，法官主动出击，在交通管理部门的协助下，调取了该出租车的行车轨迹，果不其然，这辆出租车在声称"维修"的那几日，每天从早上七点到晚上十一点，都在路上行驶，竟没有一天处于停运状态！

◎ 拖延战术

说谎者因为一时无法找到合适的推辞来做出令人信服的回答，可能不会停顿下来或支吾其词，而会采取拖延战术为自己赢得时间。拖延战术本身不一定意味着说谎，但它可以提醒听众注意，也许一个谎言正在酝酿之中。因为这种把戏给说话的人留出了做决定的时间。比如“我是编个瞎话呢，还是跟他老老实实说出真相？”还有“如果我说谎的话，该编到什么程度呢？要不要提老赵的事？怎么才能成功呢？”要是没有其他迹象的话，拖延就是对方即将找借口的很重要的标志，而且在很大程度上表明对方内心压力的存在。拖延战术都有哪些形式呢？

复述问题就是一种常见的拖延战术。在认知负荷较高的情况下，说谎者时常会通过复述问题来为自己争取一点思考的时间。对方可能是逐字逐句地又把问题重复了一遍，也可能通过加字、减字或改变某些词而把原来的问题又提了一遍，也可能装作不理解问题的样子，还有的假装没听到问题。“今天早上我为什么没有参加早会？”“你问我到底去哪了？”“谁，我吗？”“我知不知道这件事？”“你问钱是不是我拿的？”“你是在问我是不是卖给你一只心脏有毛病的小猫吗？”对问题做如此的反应，足以让有经验的识谎者看出一些端倪。研究显示：复述某些词或整句话，确实是说谎的典型征兆。当某人明明再清楚不过别人要问些什么，却又反问一个语意相同的问题，这样的举措格外令人起疑。如果对方并未想过欺骗我们，即使他们真的没有听清我们的问题，他们最多只是会重复问题的某一部分而已，用不着整个问题重复一遍。

此外，说谎者通常会下意识地要求问话人再次重复问题，而坦诚直率的对话是用不着的。重复问题为嫌疑人提供了更多的时间，去编造一个合乎情理的答案。你可能会听到对方这样说："你能不能把问题重复一遍？"有时对方会把问题还给你："你觉得我有多大年纪？"很明显，你的回答可能会影响他的答复。以下的拖延用语也会让说谎者有更多时间构思答案："这要看你说的是什么意思""我想我们都知道问题的答案""你从哪里听来的""这是个好问题""你可以说得更具体一点吗""我想这不是讨论这个问题的绝佳场合""呃，这不是'对'或'不对'这么简单"。还有的人通过咳嗽、清嗓子或在回答问题之前大大地吸一口气等方式来达到拖延目的。

实际上，拖延战术和前文提到的停顿、支吾犹豫都属于同一种策略，其目的都是防止谎言被识破的机会出现，同时让说谎者获得更多的编谎时间。在这三者中，拖延战术手法较隐蔽，同时为自己留下了回旋的空间；支吾犹豫的隐蔽性较差，容易让人起疑；而停顿特别是长时间的停顿最容易露出破绽，因为几乎所有人对沉默都很敏感。

◎ 倒叙陈述

倒叙陈述是让对方用倒叙的方法来叙述事件的经过。这对于说实话的人而言没什么难度，毕竟不管从哪个时间点开始复述事件，他们都能依赖自己的记忆做出回答。然而，这增加了撒谎者思考的难度，因为谎言编造的故事不是依赖记忆中的时间叙事，而是依赖认知内的逻辑叙事。反顺序复述故事不会扰乱人们在说实话时参考的时间顺序，却会扰乱人们说谎时参考的逻辑顺序。说谎者面对这样一种陌生的叙事方式，会极大地增加认知负荷，当对方费劲地倒叙时，再去编织谎言就显得很困难，容易自相矛盾。让对方以反顺序来复述事件经过，这也是警察审讯犯罪嫌疑人时常用的一种方法。

警察在审讯时，那些不诚实的人常常会严格按照时间顺序陈述。一个受过训练的质询者，问询过程中会旁敲侧击，让那个人用倒叙的方式再陈述一遍。他们偶尔也会挑出某个时间点，要求嫌犯从该时间点顺叙或倒叙至事情的结尾或开头。这种方式会极大地增加认知负荷，因为说谎者需要一边努力进行倒叙，一边编织谎言。在日常生活中，我们可以跳出对方的叙述逻辑，突然问一些事件以外的内容，或者询问一些对方没有提到过的细节，这样更容易让其原形毕露。比如，你这样提问："你送孩子到学校之后做了些什么？"稍后你可以再问："在去超市之前，你还去了什么地方？"

若是我们确实经历过某些事情，不论要我们从哪里开始陈述，应该都能毫无困难地回答。可是说谎者就不同了，对他们而言，这绝不是一件容易的事，因为他们必须不断回想谎言的时序。如此一来，很快就会显现出心力交瘁的信号，例如谈话的速度变慢或是迟疑。此外，在这种情况下，说谎者最典型的征兆就是会忘记或混淆谎言的某些部分。倘若说谎者为了避免这种情况产生，反复使用同样的说辞，或是在陈述时刻意保持固定的顺序，那么我们几乎可以断定，他正在讲述一套精心编排的谎言。

◎ 策略性提问

如果你怀疑某人做了一件对你的错事，你可以直接询问对方是否有责任。比如问对方："是你干的吗？"提问时，不要表现得很挑衅，而要理智、客观，抱着找出真相的目的。问完之后，仔细观察对方的眼睫毛是否颤抖。无辜者能够清楚、明了地证明自己的无辜，眼睫毛不会颤抖，会迫不及待地澄清事实。相反地，过错者的典型反应是前面提到的拖延战术。而且，间接谎言也大受欢迎，比如："我已经告诉过爸爸不是我干的。"为什么这个回答如此受欢迎？因为它确实不是谎言。他确实先前跟爸爸也是这样讲的。这样的间接谎言反而暗示了他的责任。如果对方可能犯了多项错误，先问最严重的。因为过错者在开始时集中精力应对最严重的错误后，等到后面应对相对较轻的错误时，会更容易露出破绽。总之，直接提问要求对方更加直接地面对问题，对此，无辜者会立即干脆地否认，过错者也会否认，但更迟疑，往往不是直接否认，而是答非所问、拖延时间、回避问题。

接下来，你可以问一个对比问题，比如“你是否是为了不让人生你的气而撒谎”或“你闯过红灯吗”等。这类问题对于大部分人来说答案都是肯定的。但无辜者因为害怕被冤枉经常会选择说谎。然而，过错者很可能会坦白承认。因为这并不是他被盘问的理由。他还可以借此机会谈论自己的行为，以减轻压力，而不必担心任何后果。换句话说，如果被问者在面对对比问题时，比面对直接问题更加紧张，那么他很有可能是无辜的。

为了继续让对方透露信息，你可以使用开放式问题。什么是开放式问题呢？“元芳，你怎么看？”这就是个开放式问题。开放式问题是相对于封闭式问题来说的。上文提到的直接问题、对比问题就属于封闭式问题。封闭式问题只能有一个很短的答案，比如，是或不是、对或错、有或没有，等等。这类问题虽然可以用来在较短的时间内获得想要的信息，但它也限制了当事人的回答范围。开放式问题则不一样，它的答案是开放式、不可预测的。答案一般也都比较长，常用来了解一个人的认识、经历、观点和感受等。因此，提问开放式问题，可以获得更多、更详细的信息，对方也会耗费更多的时间和精力分析、消化相关信息，增加思想负担和情绪波动。因此，在谎言的判断上应尽量多采用开放式问题。举个例子，如果法官询问被告：“你记不记得准确的协议内容？”这样的提问方式会为说谎者广开撒谎的大门，因为被告只要回答“不记得”就行了。而如果法官这样提问：“你到底达成了什么协议内容？”在这种情况下，被告就必须想出些什么内容，或是仔细地回想自己先前的说辞。而说谎者说得越多，越容易暴露自己。当然，你可以记录下对方的言辞漏洞，但别复述给他听。“噢，那天你因为头痛没去上班。”类似这样的话千万要避免。因为说谎者经常会即兴创作，之后便忘了自己先前说过些什么。倘若你还傻傻地给予提示，只会协助他继续扯谎。正如哲学家叔本华所说：“当我们怀疑某人说谎，我们可以装出一副对他深信不疑的样子。如此一来，他便会骄矜自满，更勇于撒谎，最后迟早都会露出马脚。”

总之，就是让对方多说，你可以问他“你觉得，为什么有人放火呢”之类的动机问题，也可以问他“你有没有怀疑对象”之类的怀疑问题，也可以问“你知道为什么找你谈话吗”之类的目的问题，也可以问“你觉得作案者需要受什么惩罚”之类的惩罚问题。面对这类问题，无辜者和过错者的回答往往有明显的区别。对于动机问题和怀疑问题，无辜者会坦率猜测，用简练的语言描述动机或嫌疑人，而过错者则会混淆视听，让调查员一直云里雾里；对于目的问题，无辜者不会用模棱两可的话混淆视听，也不害怕提到事件的名称，如盗窃、酒驾等，而过错者常常采取措施掩饰，从而易露马脚；对于惩罚问题，无辜者态度强硬，毫不妥协，过错者则顾虑重重，表现出对犯错者的理解。嫌疑人说得越多，细节越多，谎言暴露得越快。审讯专家阿夫纳·雷斯也认为：“对方说得越多，我们就越容易揭穿谎言和推翻假冒的不在场证明。因为说谎者往往会被自己精心编造的谎言越缠越紧。”

对方痛痛快快地陈述一番之后，你可以根据不同的情况，针对一个主题，持续追问。你可以追问细节“你昨晚下了班都去哪了”“你说去看比赛，描述一下比赛的情况”，追问原因“什么原因让你选择了那家餐厅”“为什么你想多待一会儿”，追问感觉或想法“当妹妹哭时，你一动不动，当时你在想什么”“当钱突然不见时，你是怎么想的”，等等。

而且尽量问对方一些意料不到的问题。这样更会让他猝不及防，甚至功亏一篑。有这样一个故事。2009 年，美国联邦调查局（FBI）曾遇到一个十分棘手的杀人案件，受害者死于密室，没有目击证人，没有监控记录，作案者没有留下任何有价值的线索。FBI 探员初步判断这是亲人、朋友或邻居作案，经过排查，家住在距密室不远处的爱德华进入探员们的视野。当探员询问爱德华案发当天在哪里、做什么时，他坚称自己一个人在家里看电视。他将自己何时看的电视、看的什么电视剧一一告诉了探员。他的证词几乎完美，没有人能够指出爱德华证词的虚假之处。FBI 探员更是无法由此申请搜查令。但是当询问即将结束时，一名经验丰富的探员不经意地问爱德华："你在看电视的过程中是否发现异常情况？"爱德华根本不知道这个问题代表着什么。他愣了一下，然后耸了耸肩答道："没有任何异常。"正是这个出其不意的问题，这句看似不经意的回答，将爱德华精心准备的谎言堡垒击溃。在探员询问其他邻居时，有三位当时正在家中看电视的邻居都提到，在案发的时候，电视台突然有一两分钟的信号中断现象。这一现象主要是因为当时太阳耀斑爆发，导致无线电波中断，而爱德华却说没有异常，显然案发时间段他并没有待在电视机前看电视，而是做了其他的事情。最终，FBI 探员以此为切入点，将爱德华几乎完美的谎言揭穿。

实际上，每次追问对过错者而言都是挑战，他需要耗费很多时间和精力去应对，这无疑会增加认知负荷。追问过程中，你还可以利用"真是这样吗"这类问句。这时说谎者不仅必须重述他的谎言，还要防止与之前的回答自相矛盾。高认知负荷情况下，他的回答会很慢很犹豫。但是，即便如此，有些问题往往是说谎者预料不到的，有些事实对他来说是隐藏的，就如故事中的爱德华不知道电视台的信号中断现象，想不到探员会问他那样的问题。于是，再完美的谎言也难免露出破绽。要知道，不停地针对同一个主题进行提问，并非要故意刁难、屈"问"成招，只是要弄清事实。但是在充满怀疑的气氛下，往往不容易发现真实。因此，宁可用带点幽默的方式一点一滴地挖掘，也不要一味逼问。只要他出现了逻辑错误，或是明显流露出紧张的情绪，我们便可在揭穿谎言上取得突破。

◎ 如何利用证据查证？切断退路再“亮剑”

你怀疑某人对你做了一件错事，之所以怀疑是因为你掌握了一些证据。但证据又不确凿，如果你想弄明白他到底有没有做，这时你要怎么办？那你不妨参考荷兰警察的拆谎技巧：审问员首先记下所有证据，并思考受审者可能会寻找的借口。比如暑期里，你几次警告爱玩水的儿子不要到河渠附近玩耍，小心溺水，他虽然口头答应，但你还是不放心。假设你现在与 12 岁的儿子面对面坐着，你怀疑他下午没有做作业而是偷偷跑去河边玩水了。你的证据是，一个邻居声称下午在村里的河渠边上看到了他的自行车。在你摆出证据之前，先想一想，你的儿子可能会找什么借口。典型借口就是：他把自行车借人了，他的车被人偷偷骑走了，他只是去附近取点东西。

如果你上来就问：“你下午去玩水了？有人在河渠边上看到了你的自行车。”那就是在逼他找借口，当他用上面的借口抵挡时，你就不得不面对一个真假参半的复杂处境，而你掌握的证据也将黯然失色。不是说这样一定不能识破谎言，但是很可能会增加难度。而如果你已经事先想过他可能会说的借口，那么此时你应该不露声色地逐一询问，比如，下午有没有人骑了他的车，或者他下午有没有骑车出去，等等。他很可能斩钉截铁地否定所有问题，或者直到最后一个问题才开始起疑心，但已经太迟了。这时你可以问：“有人在河渠边看到你的自行车。对此你有什么要说的？”现在，如果他真的去了，那他就很难继续撒谎了。

让对方说谎，而且是就我们可以反驳的一些细节说谎，慢慢引导对方重复他此前的回答，这等于是切断了对方的退路。然后再亮出手中与之回答完全对立的证据，这样对方就没有了解释的机会。因为话已出口，覆水难收。要注意的是不要先泄露你的底牌。假如他知道你手中握有哪些牌，那么他就会修改说辞，让它们和你知道的信息相一致。不要预先让对方知道你将提出的真正质疑，或是显露任何不信任的神色。对他来说，由你主动提出，不请自来的问题是最棘手的、最难以回答的。

同样的道理，我们也可以检验一个人的诚实程度。具体的做法就是在掌握实情后，故意夸大有利于对方的信息，看对方怎么回应。假设你想买一套二手房，约了房东周末见面看房。见了房东之后你这样说："我听说咱们这个小区的物业服务非常好，环境治安各个方面都不错。"然而，你已经打听过，甚至还查了住建局物业管理处组织的物业服务排名评比，这个小区的物业服务水平很一般，业主们普遍不太满意。此时请仔细观察一下房东的反应，若是对方毫不犹豫回答："是啊！物业挺好的，服务也挺热情。业主们都比较满意。"你马上就可以知道房东究竟老不老实。即使你可以接受物业服务一般的现实，但是接下来你也要留意在一些你比较在意的问题（比如冬天地暖热不热）上，对方会不会继续说谎。为此，你也可以通过这样的问题摸清对方在说谎时的行为，看看对方究竟是会赔笑脸、态度认真地跟着强调、有点心虚且局促不安还是会僵硬到有些不自然。观察得越仔细，你就能够掌握到越多的征兆，在接下来的对话中，你便可以专注于这些征兆。要注意的是，你诱发对方说谎的话题必须听起来是可信的（你上来就讲听说物业服务全市第一，对方可不敢轻易附和），同时，你必须完全确定你说的话是不实的。

第六章 | CHAPTER 6 |

检视行为控制

说谎者为了不让自己暴露，总是试图控制其行为。但恰恰是这种试图控制行为或言语表达的心理，反而容易让谎言不攻自破。例如，回答询问或讯问时显得格外有准备、表情不自然，或因为经过了太多遍的心理彩排而把话说得异常流畅，或者行为表现过于夸张，言语行为与非言语行为表现不一致等。另外，说谎者往往无法控制自身行为上的所有变化。说谎者通常更容易通过传导性较强的通路掩盖说谎线索，如手的动作和眼神的交流。而与之相反的，说谎者控制力弱的反应部位，则恰好是谎言识别者要特别关注的，如瞳孔放大、下半身的活动增加和微表情出现等。本章将对此内容展开深入分析。

◎ 断篇

当你在说谎时，考虑最多的是什么呢？是你的表情、步态还是手势？都不是。答案一定是：究竟该说些什么才好。大多数人都抱持这种想法，换言之，说谎者最在乎的其实就是谎言的内容。最让说谎者感到惴惴不安的，并非举止间露出马脚，而是言谈时是否不慎说漏了嘴。道理很简单，不同于表情、姿态等非言语形式，人们不仅可以轻易地察觉到谈话内容，甚至还可以将它记录下来。有时，对方为了防止我们说谎诓骗，还会保留语音记录、文字纸条等，一旦发现我们事后不认账，就会搬出这些证据，让我们陷入被动。相对而言，某个姿势、表情或者特别的声调，在举证上较为困难，即使一个人的眼神或神态有什么不对劲，我们也无法仅凭此点就指责对方说谎。因为这种不对劲可以被解释成各种原因：身体不舒服、累了、走神了等。

还有一个原因：言语内容是可以预先设计、易于控制的信息。这表现在说谎者与说真话者在信息管理上的不同策略，有罪的嫌疑人倾向于使用逃避策略，避免提到自己在特定的时间和地点的信息。断篇就是其中常见的一种形式。断篇是指说谎者为了防止败露而直接跳过一段情节，如果细说这段情节，有可能会暴露自己说谎的本质。举一个断篇的例子。当问话人请对方详细说出某天的经历时，对方说了下面一段话。其中有段情节是说话者不愿意透露并试图隐蔽的，请试着找出来。

“好的。我醒来后，冲了个澡，穿好衣服，给自己冲了杯咖啡，然后去公园取了报纸。我在客厅读完了报纸，接着拿起车钥匙，离开了家。我看到邻居约翰恰好这时也出门去上班了，我们走沿河高速进的城。路上非常拥堵，不过我还是为路上预留了足够的时间。不管怎样，我走出电梯来到办公室，走到我的办公桌前，把东西放下后，打开电脑，开始阅读一些文件。”

不难看出，在上述回答中，对方噼里啪啦地讲了一长串的东西，包括很多细节，显得整个叙述非常连贯。但仔细分析就能发现一个明显的漏洞——这个人从进入城区直接跳转到走出电梯。他究竟在哪里停的车呢？如果合理的叙述一定还应该包括在哪里停车，在停车场做了什么，在停车场看到了什么，怎么上的电梯，在电梯上遇到了谁，等等。略过情节，很可能表明说话者隐瞒了一些事情。这也正是说谎者狡猾的地方。他讲得那么多又那么流畅，只是希望你的注意力能够被她的回答吸引住，好忽略其中她想隐瞒的某个细节。

运用识别断篇的方法，需要关注一些用于断篇的短语，也可以称作跳跃式陈述。说谎者在谈话过程中经常使用这类说法来断篇，如“我不记得”“我所知道的就是”“接下来我发现”“不管怎样”“在那之前”“在那之后”“不久之后”“没多久”“后来”“然后”“最后”“虽然”“即使”“当时”“此外”“结果”“不过”“碰巧”。到了紧要关头，说谎者常常会使用刚才提到的这类短语，含糊地越过想隐瞒的内容，跳过敏感的范围，然后又继续说实话。如果你作为一名调查者，听到了这种跳跃式陈述，应该警觉其中是否有遗漏的信息，或对方是否有意隐瞒。再举一个例子。一名学生被怀疑在第一节课下课时从老师办公室拿了二十美元。她被要求写了一篇笔录记述她的活动，从她进入大楼时写起，到第一节课下课时结束。她同样使用了断篇的方式说谎。以下是她的陈述：

“上午 7 点 45 分我和詹娜来到学校。我走进了教室，把我的书包放进书桌里，詹娜和我出去喝了咖啡。回到教室，我坐在自己的位置上。8 点 50 分我们下课，詹娜和我去了卫生间。之后，我回到教室，而詹娜仍然在卫生间。不久她就回到了教室。我们坐在自己的位置上，等待上后面的课。”

叙事中的关键时刻是在第一节课下课后。对这段时间，叙事者是这样说的：“8 点 50 分我们下课，詹娜和我去了卫生间。之后，我回到教室，而詹娜仍然在卫生间。不久她就回到了教室。”这名学生使用了跳跃式陈述——“之后”，来创建信息间距，这个信息间距是从她去卫生间的时间开始，到她回到教室的时间结束。在这名学生的叙述中，这一信息间距包括了她走到老师办公室的时间，也就是她偷窃二十美元的时间。

经过调查，这名学生承认偷了钱。除使用断篇故意隐瞒之外，她还误导了读者。因为本来要求这名学生提供她个人的活动，而不是詹娜的活动，可她的记述重点却是詹娜的活动。高明的魔术师知道，他们的戏法之所以奏效，全靠把观众的注意力牵引到他想要观众注意的地方。所以，当你的注意力被引导至某一个方向时，别忘了查看另一个方向隐藏了什么。很显然，她想找替罪羊。要知道，使用了断篇并不一定就表示嫌疑人在撒谎。说谎者和说实话的人都会使用断篇的方式。断篇造成了信息的丢失，调查员必须做出判断，看是否缺失了具有价值的信息。缺少关键时刻的信息就必须要追问下去。

◎ 自发式否定

当人们回答问题时，坦诚无辜的人既不逃避也不否认，而是乐于如实地提供信息，描述他们所做过的事。但有过错想隐瞒说谎的人，则倾向于使用否定策略，否认曾经在特定的时间和地点出现。当然，作为交警，如果你问对方："你是不是喝酒了？"说谎的人和说实话的人都可能直接否定。但是，如果你还没有开口问，对方就自发地回答你："我没有喝酒。"这就属于自发式的否定。使用自发式否定说明进行欺骗的可能性较大。尤其当自发式否定和上文提到的跳跃式陈述一起出现时，很可能表示对方在说谎。

接下来以犯罪调查为例，模拟一个自发式否定的场景。调查者问："你从老家到北京已经九个月了，一定去过不少地方吧？"嫌疑人回答说："是的，因为我是全北京到处接活，哪有单子我就去哪。我去过朝阳、西城、通州，还去过平谷，但我从未到过延庆。"这里嫌疑人就使用了自发式否定——"从未到过延庆"。如果案件的事发地恰恰是延庆，那么犯罪嫌疑人说谎的可能性很大。这表明嫌疑人实际上很可能到过延庆。因为北京有那么多区县嫌疑人都没有去过，但他却只提到了延庆，这就很说明问题。所以说，使用自发式否定往往暗示着说谎。其实，我国古代的成语此地无银三百两就属于这种自发式否定。说到这里，我们不妨共同回顾一下这个经典的故事。

古时候有个叫张三的人，每天辛勤劳作，好不容易才攒下了三百两银子。他心里很高兴，但同时又很担心，总怕有人把他的钱偷走。思前想后，他找来一个大箱子，把三百两银子锁在箱子里，然后又在房屋后面的空地挖了个坑，把箱子深深地埋在了地下。做完这些，张三放下心来，准备回去。可是临走前，他看了一眼埋箱子的地方，又担心起来，怕有人不小心把箱子挖出来。于是他一拍脑袋，想到了一个“好办法”，写了一张“此地无银三百两”的纸条，并将其贴在墙角，这才安心地走了。

但是，张三的反常举动被隔壁的王二看到了。王二觉得好奇，就趁张三睡觉时溜到他家屋后，借着月光看到了那张纸条。王二一下明白过来，于是把箱子挖出来，偷走了银子。看着白花花的银子，王二心里激动极了。但他也害怕被张三发现，就赶紧把坑重新填好。想了想，他也取了一张纸条过来，写上“隔壁王二不曾偷”，然后照样贴在了墙角。第二天早上，张三起床后到屋后去看银子，发现银子不见了。看到王二贴的纸条后，也一下明白过来：自己的银子被王二偷走了！

故事中的张三和王二都是说谎者，而且都使用了自发式否定。张三把银子埋好之后，生怕被人发现。在谁也没有怀疑、谁也没有问他的情况下，自发地表明他希望别人相信的“事实”，否定这里埋藏着银子，写下纸条“此地无银三百两”。同样的，王二做贼心虚，不等任何人怀疑和盘问，主动自我标榜，否定做下亏心事，写下纸条“隔壁王二不曾偷”。然而，恰恰是他们两个的这种自发式否定，将事实暴露得一览无余。结合前面的模拟场景，如果在调查员什么也没有提起的情况下，嫌疑人主动撇清自己与案发地的关系，这是不是就让人联想到主动写纸条的张三和王二呢？他说的话像不像纸条上的“此地无银三百两”？

◎ 转移话题

聪明的说谎者不会完全凭空捏造一则谎言，而是更喜欢把自己的谎言掩藏在真相中。转移话题也是说谎者试图控制谈话方向、掩盖真相的一种常用方法。

说谎者通常会感到内心不安，担心自己会被揭穿，这种担忧会在交谈中表现出来。尤其是当对方开始深入追问或提出疑问时，说谎者往往会感到不自在、焦虑。而转移话题可以为说谎者提供逃避的通道，将对方的注意力从敏感问题上转移到一个对他安全的话题上，以此缓解说谎者内心的焦虑和紧张。举一个典型的例子。假设在一个工作场合，经理询问员工小陈为什么最近的项目进度如此缓慢。这段时间因失恋而无心工作的小陈可能不想直接回答这个问题，于是他采取转移话题的策略。小陈说："嗯，关于项目进度，我确实遇到了一些挑战，但你知道吗?最近市场上的竞争真的越来越激烈了，我们得想想怎么应对才行。"在这个例子中，小陈原本应该直接回答项目进度缓慢的原因，但他却转而谈论市场上的竞争情况。这就是一个典型的转移话题的例子。他通过引入一个与原始问题不直接相关但可能同样重要或引人关注的话题（市场竞争），来转移听众（经理）对他原本问题的注意力。

指责问话人是转移话题的一种方式。说谎者质问提问者的提问动机，以此激发提问者的内疚心理。比如你问丈夫："你回来那么晚真的是在加班吗？"他回答："你看你又开始胡思乱想了吧？"或"你这样讲是什么意思呀？"通过指责让对方质疑自己的想法和动机，降低自信心，动摇怀疑的信念。也有的人通过指责问话人来达到恐吓对方的目的，避免提问者继续发问。

还有一种情况是说谎者不理提问者的问题而直接跳到另外一个话题上。这种情况很常见。比如，你问对方为什么没有回复一封重要的电子邮件时，他可能会迅速转移话题，说："嗯，我最近工作真的很忙，你听说最近公司发生的怪事了吗？"或者在家庭中，孩子被问及作业为什么没有完成，他们可能会说："哦，爸爸，你不是答应过我周末带我去公园玩吗？不如我们现在就出发吧。"再比如你问丈夫："你上周末真的是在加班吗？"他回答："昨天我真的忙死了，从八点半开始，整整干了 11 个小时的工作！累死了！"有时，说谎者还会不等对方说完就打断问题，然后转移话题。比如，同样的问题："你周末……"对方不等你说完，立刻打断你："昨天我真的忙死了，从八点半开始，整整干了 11 个小时的工作！累死了！周末咱们去哪玩？我要好好放松一下。"

另外，如果在你向别人询问有关事件时，听到对方说"他们""每个人"或是"所有的其他人"，你就应该有所警惕了。这种转移话题的方式就是指把更多的人包括进来，提到更多的人，以转移视线。如果你有孩子的话，你可能发现在他为自己的行为找借口的时候，经常会用到这种技巧。好像他一定会推出一大帮有着同样思想的人或是共谋者。他可能会用到这些句子："每个人都这样做""别人也这么想过""换了任何人，也都会这样做""他们总是那样做""每个人都有过这样的经历"。即使他说的不是自己，这些话也暗示了他有同样的问题。

如果你怀疑对方说谎，那就仔细观察倾听，当话题转变的时候，他是否变得比较放松，甚至脸上挂着一丝微笑。注意他的姿势，观察他的紧张僵硬是不是变少了。他的情绪转变得多快、多戏剧化，就显示了前一个话题如何令他不安。来回试探他，看看他对转变话题的反应。面对恶劣的指控，他若清白无辜，一定会愤慨反抗，并坚持要立刻或另外找个时间针对此指控做进一步的讨论。切记，心虚的人想要改变话题，清白的人总是想要继续讨论。当诚实的人被指控是在说假话时，他们会倾向于攻击，而当说谎者面临说假话的指控时，他们则是倾向于防御。说谎者有意大声说话，就是期望调查者相信他捏造的事实。

当然，虽然不直接回答或转移话题的方式在多数情况下都是谎言的特征，但是也必须承认，并非所有不直接回答或转移话题都意味着当事人在说谎。比如“指责问话人”则可能是因为沟通双方在某个话题上已经纠结了很长一段时间，一个普通的问题都很容易让对方神经紧张而做出自我保护的举动。有时问题过于尖锐或复杂，当事人可能采取情绪化的方式来进行回击。

◎ 过分强调

说谎者有时会使用一些短语来过分强调自己的回答，如“我决不会撒谎”“我从来没说过谎”“我从小就知道不能说谎”“我对天发誓”“老实说”“实话实说”“我跟你说的肯定是实话，要是有半句虚言，不得好死”“我实事求是地讲自己的问题，争取宽大处理”等。遇到过分强调的语句时，应该及时打开“测谎雷达”，因为接下来对方很可能说出一堆谎话。另外，如果对方反反复复向你强调一件事的真实性，也值得怀疑。

为什么这两种做法都值得怀疑呢？因为大部分说真话的人，都预期别人会相信自己，他们觉得没必要补充说明，他们不会为了一句真话而不停地纠缠对方；反而是那些说了谎话的人，因为内心不安，担心对方不相信他，所以才会反复强调一件事情，好让对方相信他所说的就是事实。这实际上也反映了对方说谎之后的心虚。说谎者可能会一边装作无比坦诚，一边又因为心中不安，不停地追问你是否相信他。如果你的回应并非他心中真正所想，那个说谎的人就会说“你不相信我，是不是”之类的话。当你作为人事经理询问应聘者之前的月收入时，如果他说完之后一再强调自己说的是真的，迫切想从你那里得到信任的信号，那就值得怀疑了。

说谎者爱说“我从来没说过谎”“我是一个绝对诚实的人”“我对老天爷发誓”“我对菩萨发誓”，他希望通过这种方式获取你的信任，让你觉得他是一个直接对道德上的权威或神灵负责的人。他把自己放在这样一个较高的道德标准、宗教标准上，因此他就能够排除一般人都有的弱点。但通常情况下，真正有宗教信仰的人都不会这么说，真正品行高洁的人也不会这么说。因为他们在生活中是诚实正直的，这就足以说明问题了，他们用不着再提醒别人自己是道德的典范。一个人的名誉应该是不辩自明的，所以当一个人对你宣称“我是你所见过的最诚实的人”时，不要只是走开，应该拔腿就跑。

说实话的人不会过分强调，还因为他不在乎你是否误解他，他们总是愿意澄清误会，而说谎的人则急于确认你理解了他的意思，这样他就可以转变话题，避免你一再追问下去。而且，当他提出的证据薄弱时，由于心虚，语言上反而可能用力过猛，他会选用显著、坚定的字眼，以求达到补充强调的作用。例如，当你问某人在学生时代有没有作弊时，他可能回答：“我没有。”而如果他真的作过弊，却要说服对方相信他没有，他的回答可能会更明确、更斩钉截铁：“我考试从不作弊。”当然，确实从未作弊的人也可能会有相同的回答，所以必须考虑这个回答与当时交谈内容的前后关系，以及与其他线索之间的关联。

不过，当你询问对方，而他的回答明显有些过头，那你就得注意了。例如，你问某人：“关于上午的谈话，你说的都是真的吗？”如果你得到的答复如下，可得留心了：“当然都是真的，我绝对不可能骗你。你知道我对说谎这种事最反感了。”或者如以下的对话：“你今天是不是没值日？”“值日了。我认为偷懒是最糟糕的一件事，我不会做这种事。”又或者：“你可曾骗过我？”“你知道我痛恨类似欺骗这样的行径。这种行为太缺德。”在这些回答中，为了增加强调的效果，说谎者提出不实际的保证，作为自己清白无辜的证明。他知道自己没有令人信服的证据，所以他提出虚构的信仰理念——偷懒很糟糕，说谎很缺德，最反感骗人——来支持他的论点。

举一个例子吧。在著名的“辛普森杀妻案”审判期间，检方最重要的证人警探马克·福曼出庭作证时就使用了过分强调的方式说谎。警察出庭作证为什么还要说谎呢？因为他是种族歧视者，他歧视黑人。而最大犯罪嫌疑人辛普森正是黑人。根据美国法律，如果出庭证人的品格被证明有缺陷，那么证人呈庭的某些证词就不具有法律效力。此外，在法庭宣誓之后，如果一位证人在一部分证词中故意说谎，那么，陪审团可以将这位证人的其他证词也视为谎言。为了使自己的证词被采纳和认可，马克·福曼在证人席上宣誓，在过去10年里，他从未使用任何具有种族歧视含义的特殊字眼。包括陪审团在内，几乎没有人相信他的话。因为他确实强调得有点过头了。如果他承认过去的确曾使用具有种族歧视含义的特殊字眼，并为此感到懊悔，那么大家还会认为他这个人很可信。但他说从未使用那些字眼，无论如何都令人难以置信。而辛普森的律师团队搜集到的关于马克·福曼涉嫌种族歧视的证据也证明了他确实在说谎。由于重要人证说谎，他的证词根据法律规定是无效的。再加上“辛普森杀妻案”中的种种疑点，法庭最终不得不宣判：辛普森无罪。

在不必强调的时候过分强调很可疑，同样的，在需要强调或特别说明的时候，反而不去强调或者有意淡化，那也很可疑。如果对方轻描淡写、漫不经心地告诉你一件其实很重要、值得多花点心思的事情，那你就要留心了。例如，有人对你说：“喔，顺便告诉你，这个周末我要加班。”如果她很少或几乎就没在周末加过班，那么她应该会对你说些“见鬼了，居然要加班”之类的话。她如此不在意，轻轻带过，让这次加班疑点重重。不寻常的事情发生了，她却等闲视之，一点也不重视，一点也不惊讶，表示她企图转移注意力，让你轻视将要发生的事情，而且通常事有蹊跷。

◎ 说漏了嘴的口误

和过分强调恰恰相反的是不经意间的话语，很多人在不经意间，就会说出本不应该或者正常情况下不愿意说出的实话来，也就是我们常说的“无心”之言，是不小心说漏了嘴的口误。有时，一个人原本要说这件事，却说成了另一件事，这些话往往是说话者心中的真实想法、意见的自然流露，如果听话的人能够会其义，明其理，明辨虚实，揣摩出真意，就会有一番收获。生活中那些善于侦破谎言的人，往往会时刻留意人们在不经意间的口误，从这些话里往往就可以得到他们最想要的真相。

为什么口误往往是真实的呢？因为每个人都想有放松的心理状态，但是往往会有无法启齿的事情，这些事堆在内心会让人感到不安，通常需要把它们诉说出来才会感到舒服，而人不会主动把这些话说出来的。但是，有时潜意识能直接支配人的行动，人的一些不经意的话，实际上就是潜意识在控制。也可以理解为一个人想控制住但无能为力或控制失败。例如，一个偷懒没认真完成作业的孩子原本要对老师说：“我真的很用功、很努力，我花了一个晚上才把作业‘做’完。”结果他却说成了：“我真的很用功、很努力，我花了一个晚上才把作业‘抄’完。”

口误在心理学上又被称为“弗洛伊德式失误”，心理学家弗洛伊德认为口误并非偶然，口误的内容往往是内心深处真实想法的写照。人类作为社会性物种，不可避免地需要考虑自身的定位和社会影响力，很多内心深处的想法，即便是客观事实，也不能在公开场合随口而出，而是要压抑在心中。不过，压抑也有失效的时候，此时口误也就发生了，本心随之暴露。这一点很像说谎，当心里想的和嘴上说的不一样时，内心同样会出现矛盾。如某位领导主持会议，当参会人员都到齐了，本该宣布开幕的他却说："各位，我宣布会议正式'闭幕'！"在这里，一个可能的解释就是，这位领导认为这次会议对他毫无利益可言，内心希望它早点闭幕，于是脱口而出，造成口误。可见，看似不经意的口误，很可能代表了一个人内心的真实意愿。

口误会在哪些环境或者情境中发生呢？口误的出现有时发生在一个人极度激动的情况下，有时会情不自禁将真话脱口而出。这种口误的情况在影视剧作品中大量出现，但在现实生活中并不常见。日常生活中较常见的口误发生在口误的信息与过去曾讲过的信息不一致。例如一个人告诉自己的朋友上周末都在外地出差。没过几天，他们见面吃饭，他随口说道："你猜我上周六在小区里撞见谁了吗？"朋友很好奇："谁呀？"他马上意识到上周六自己"应该"在外地出差，于是改口说："哦，不对，是昨天晚上，我在小区里见到了……"

口误的内容是判断口误是不是谎言的重要依据。比如把"画蛇添足"说成"画足添蛇"这样的口误或许只能说明对方讲话时有些心不在焉。把"一石二鸟"说成"一石两鸟"这样的口误很可能是对方因一时激动闹出的笑话。某男士有个情人名叫"丽雯"，他的老婆名叫"琪华"，有一次，他很高兴地拿着一本杂志冲着老婆喊道："琪雯，快来看！……"这样的口误意义就不简单了。听到类似的口误，就不能当作笑话听，而是要记下来，仔细分析一下，这到底代表了什么。再举一个例子。不想去上学的乔尼假装爸爸给老师打电话："梅西纳先生，我的儿子乔尼今天不能去学校，他生病了。"梅西纳问道："请问你是谁？"乔尼回答："我是我爸爸。"很显然，乔尼的口误"我是我爸爸"自相矛盾，谎言就此穿帮。

当然，并非所有的口误都表示谎言，许多人特别是那些记忆力好、谈吐谨慎的人说谎时很难出现口误。换句话说，没有口误不代表一个人肯定讲真话。但对于那些类似前后矛盾的口误，无论是一个词还是一句话，我们都应该引起足够的重视。

◎ 泛泛陈述

作为言语内容的表达者，想滴水不漏地控制所有信息是不可能的。说谎者可能深谙“言多必失”这个道理，会积极避免可能自证其罪的陈述。看起来，保持沉默是最保险的一种策略。但是，“沉默”也会显得可疑，而心里有鬼的人，更害怕沉默。比如，你可曾有过这样的经验：初次约会，说完一些过于美化自己的话，生怕对方有所怀疑，而如果两人之间陷入沉默，更加让你坐立不安、浑身不自在。相反，一些已婚夫妇即便一个小时都没说上一句话，他们也习以为常。这样看来，故意保持沉默不失为一种识谎的高明策略。当对方说完话之后，如果你觉得不可信。首先，不要做任何回应。此举通常会迫使对方继续说下去。犯错心虚的人厌恶沉默，沉默让他们感到不安。沉默也提供了一个机会，让你观察对方是否出现转变话题、发出不安的笑声或紧张等举动。一个典型的例子是，你问孩子：“这么晚才回来，你去哪了？”“去同学家写作业了。”你对这个答案不置可否，他就开始紧张了，以为你不相信他，于是他又继续说“今天作业比较多”“我们怎么样怎么样”等“事实”，直到你有回应他才住口。这才让他认为自己已经取信于你了。

不要把这种情况和立刻全盘托出弄混了。心里有鬼的人，只会断断续续、一点一点地说，直到获得对方认可才停止。他之所以说话，是因为他不得不说，他厌恶沉默，为了填补因沉默而造成的谈话空白，他至少得说一点话，打消你的怀疑。但是，他绝对不愿意多说。他知道言多必失，为了减少谎言被识破的可能，在不得不说的时候，他会更加小心翼翼。他可能会使用更加概括性的语言，尽可能地控制不出现相关细节。

一般来说，说谎者倾向使用“可能”“大概”“好像”“据说”“应该”“恐怕”“也许”等词。特别是在回答“是或不是”“好与不好”这类问题（如“你喜欢我的方案吗？”）时，说谎的人给出的答案更可能是“可以”“还行”“还好”“不错”这些较为模糊、均可以从正反两方面去理解其真正意义的字眼。在描述具体的时间、地点、人物或事件时，说谎者同样尽量避免给出具体、详细的数字或名称，而是喜欢笼统地一笔带过。从自我控制的角度来说这对说谎者是有利的。万一有人起疑心，不确定的字眼显然比确定的言辞、字句有更大的转圜空间，说谎者妄图借此自圆其说、蒙混过关。当然，我们国家的人们习惯间接、婉转的表述方式，类似于“逢人只说三句话，未可全抛一片心”的谨慎和委婉更受推崇，太过直接、不留余地的回应往往不被大众接受，这使得模棱两可的回答更受欢迎。说者也不见得是在说谎，但是，有一点是较为确定的，那就是喜欢这样说话的人心机较重、出言谨慎，喜欢借含糊、不确定的字眼为自己留下回旋的空间。

我们继续说回避细节。回避细节同使用含糊词语类似，都是说谎者为了获得更大空间采用的障眼法。特别是在缺乏准备的时候，说谎者更是倾向于回避细节。比如谈话时会故意漏掉具体的时间、人物、地点、过程等相关细节。他们深知，说得越多，被戳穿的可能性也越大，说谎者绝不希望给对方这个机会。多个研究也证明，说谎者习惯较短的答案。

但就像说谎者想一句话不说，却又担心沉默令人生疑而不得不说一样，说谎者不想提供细节，但又担心这样反而暴露自己，于是，不得已又得提供细节。这又是可以抓住对方漏洞的机会。诚实的人会比说谎者提供更多的细节，细节应与他所谈论的事件有关，不会和无关的信息相混淆。所以，如果话中混入过多无关信息，则意味着说谎。尤其是水平较低的说谎者较容易一下子给出过多无用的细节，特别是在还没有被问及的情况下就迫不及待地搬出一堆细节佐证自己说过的话。这种情况常出现在事先有所准备的说谎者身上。

我们来看一个例子。在审讯室里，一个犯罪嫌疑人正在接受警察的问话。警察问:“你是几点到达被害人家里的？”“大概是晚上八点。我记得当时天色比较阴沉，好像要下雨的样子。”嫌疑人回答道。“是吗？”警察怀疑地望了望他。“是的，那天晚上吃过饭，我想起他白天请病假，没到公司上班，就想去看看他。”嫌疑人又接着补充道:“当时，他们小区门卫室有个50多岁的男人在值班，我还和他说了话。然后，就去了他们家那栋楼，楼下当时停了一辆银色的奥迪车，很多家的灯都亮着……”嫌疑人滔滔不绝地说。“我知道了！”警官点点头。出了审讯室，警官吩咐下属:“一个随意的拜访，他怎么会把所有的事情都记得这么清？一定是有所隐瞒，继续查！”不出所料，之后找到的证据证明该嫌疑人就是凶手。

如果你遇到了一个特别高明的骗子，他在细节方面也控制得很好，感觉既没有含糊不清，也没有过于详细，那么你要怎么办呢？如果你认为他是可疑的，可以留意一下他是否会经常发问。高明的骗子可能精通于回答问题，好让自己取信于人。但是，就算他的骗术再高明，也会因为没有适时反问对方而露出马脚。说谎的人之所以不会发问或很少发问，是因为对他来说，这场对话并不真实。毕竟，他对你说过什么并不感兴趣，只要不影响取信于你，他不会节外生枝地对你发问。举例来说，你问刚认识不久的女友是否办理过网络贷款。女友回答:“哦，当然没有。我从不超前消费。我认为那样一点好处也没有。”然后接着说了一些关于合理消费、量入为出的事情，就结束话题了。这种情况下，对方的回答很有可能是在说谎。如果她真如其答复所暗示的，非常注重财务健康、稳健理财，就应该也会问你同样的问题，毕竟你们现在已经是恋爱关系了，她应该会对此比较在意。但说谎者通常不知道，要别人认为自己诚实无欺，不仅要回答问题，还要提出问题。

◎ 伪装的面部表情

面部表情是一种十分常见的、外化在脸上的情绪表现，它不仅是人自身情感表达的晴雨表，也是了解他人内心活动的重要线索。达尔文早在一百多年前就提出面部表情是人类进化的产物。一些研究也证明，面部表情是天生的，人生来就有通过面部表情表达特定情绪的能力。埃克曼发现，人有七种基本的表情类型，即高兴、惊讶、轻蔑、悲伤、恐惧、厌恶和愤怒。当然，人类远不止这几种表情，比如我们还有内疚、羞愧、怀疑或沮丧等表情，但这些表情易受文化背景或个人习惯的影响，在不同的人的脸上往往展现出不同的特征，因此不能当作标准的表情使用。

分辨一个情绪表情是比较容易的，因为这七种表情的肌肉运动具有相对固定的模式。但如果几种情绪相互混合，要去准确判断表情所反映的具体情绪就会有难度。例如当一个女孩子突然收到男友网购的礼物时，脸上会出现惊讶和喜悦的表情。而当发现礼物在运送途中被损坏时，脸上又会出现失望甚至生气的表情。这些感受的组合可以很真实地反映她当时的心理，而且也增加了表情判断的难度。况且，有人会故意控制表情，比如他明明不高兴，甚至还有些难过，却想让你以为他很高兴，就有可能通过假笑来伪装自己，隐瞒真实的情绪。

人都有这样的经历，用自己故意做出来的表情欺骗他人。当然，也有被他人的表情欺骗的时候，也有发现他人的表情是刻意假装的时候。面部表情既可以是一个人真实情绪的表现，也可以是一个人故意表现出来或故意隐藏的特定情绪的表现。那么，真实情绪产生的表情和伪装的表情有什么不同呢？

真实情绪产生的表情往往是不自觉的、无意识的，而伪装的表情需要意识控制，如果仔细观察的话，能够发现一些干预的痕迹。那些必须依托真实的情绪才能表现出来的表情，是很难伪装的，比如悲伤和恐惧。埃克曼认为难以控制的额头部位的肌肉运动可以提示真实的情绪，是比较可靠的用于识别谎言的线索。而悲伤时上抬眉头、下压眉身，额头中部产生一些纵向皱纹，悲伤的程度越强，额头的动作幅度越大。一般人很难有意识地做出这个动作。也就是说，如果一个人想假装自己很悲伤是不太容易的。再比如恐惧时抬起眉头并将眉头挤在一起，这种肌肉运动的组合也是难以刻意做出来的。难度比伪装悲伤还大。尤其是眉毛部位相应的肌肉动作很难被完全抑制住。这些动作既难以伪造，又难以被隐藏或抑制，所以可以作为识别谎言的线索。

除此之外，表情的持续时间也可以帮助我们判断表情是基于真实情绪产生的还是伪装的。表情的持续时间包括表情出现需要多长时间以及消失需要多长时间。持续时间超过 5 秒以上的表情，可能就是虚假的。基于真实情绪产生的表情不会持续那么久。尽管每个人都会伪造表情，但说谎者很难做出与情境完全拟合的表情。表情发生时伴随的言语、声音变化和身体运动等背景信息也可以是识破谎言线索的来源。假如有人很愤怒，说“我受够你了”，如果这个人的愤怒表情在他说完这句话之后才出现，那么这个愤怒表情很可能是伪装的。与言语、身体运动不同步的面部表情很可能是虚假的。接下来，我们主要从肌肉动作和表情持续时间两方面介绍一下常见的七种表情。

如果一个人真的高兴，那么其最明显的特征会表现在眼睛上。开心的人，他的眼睛会变小，眼角易出现所谓的鱼尾纹。你可以照着镜子仔细观察：对着镜子慢慢地做出一个越来越大的笑容，随着笑容强度的增加，自己的脸颊会慢慢抬起，眼角会慢慢出现鱼尾纹。当假笑被用作掩饰某种情绪的面具时，只包含下眼睑以下的肌肉动作。所以，只在嘴角和脸颊上展现的动作特征不足以作为判断一个人是否开心的标志，因为容易操控。我们熟知的“皮笑肉不笑”，就是看似开心但实际未必开心。假笑无法完全掩盖所有试图被隐藏的情绪线索，反而可能因为刻意地控制而暴露出一些干预的迹象。埃克曼经过研究，发现了两个假笑的线索：一个是眼周肌肉动作的缺失，另一个是出现厌恶表情（皱鼻子）或轻蔑表情（单侧嘴角收紧或后拉）。因此，我们可以通过这些线索来判断对方是否在假笑，有没有说谎的可能性。判断一个人笑容的真伪除了注意观察其眼睛周围的肌肉动作外，真诚的笑来得慢，在脸部停留的时间短（一般不超过 5 秒），去得也慢。而表示礼貌的笑来得快，停留时间长（可以持续数分钟甚至一整天），消失得也很快。当讲话内容并不好笑时，对方讲完后突然抿嘴一笑，或者讲完后干涩地大声笑一下，都表示说谎的可能性较大。

悲伤最明显的特征在眼睛和眉毛上。一个人真正悲伤时，会呈现八字眉和八字眼。哭是一个人悲伤时最常见的表情。但对于孩子和某些女性来说，哭泣有时也并不代表悲伤、难过，而是获得注意力的一种手段。和微笑一样，来得快、收得快的哭泣有明显作假的可能。真正感到悲伤的哭泣一般会在额头上出现皱纹。还有一个比较明显的特征，其上眼睑的内侧始终保持向上。这个动作难以伪装。

惊讶最显著的一个特征是眉毛抬高并向上扬。眉毛的上扬带动了上眼睑向上，使整个眼睛看起来变大了许多。有时候，一个人感觉惊讶时嘴巴未必会张开，但通常来讲，嘴巴张开得越大，惊讶程度越强。惊讶来得快、去得快，是七种基本表情中动作持续时间最短的一种，它一般会在 3 秒内自动消失，而多数的惊讶表情特征只持续 1 秒或更短时间。如果一个人惊讶的表情持续的时间很长，那肯定是装出来的。

恐惧最典型的特征就是左右眉毛均上扬并且向中间靠拢，而且眼睛看起来是睁大的。嘴会轻微侧拉，下巴向下，脸颊肌肉僵硬。如果恐惧程度比较低，当事人有意识控制，其眉毛上的表现可能不会特别明显。这时嘴和下巴的特征反而较容易反映出一个人的真实情绪。

愤怒的表情特征较容易辨认。一个人生气时，左右眉毛向下并向中间靠拢，目光也是灼灼逼人。此外，上下嘴唇都收紧，嘴唇红色的面积变小。嘴唇越紧张，则代表一个人内心越紧张。紧闭的嘴唇通常代表了反对或不同意；紧闭的程度越强，反对的可能性也越高。很多人在生气时都会努力控制自己，特别是对脸部的控制。这时我们往往看不到怒视的目光，眉毛的特征也不明显，但从嘴唇上我们可以很容易判断出一个人是否生气。嘴唇紧闭在一个人生气时常出现，但当一个人非常生气但不进行自我控制时，你会发现他的嘴唇是张开的。此外，身体语言的其他特征，如紧握拳头、呼吸急促加快、声调提高等，也会在较生气的人身上出现。与微笑相似，愤怒的情绪也较容易伪装。事先毫无征兆、突然发作的怒火往往是为了遮掩自己内心的不安和恐惧。另外，假生气可以很快转变为真生气，尤其是在两个人进一步加强对抗的情况下。

轻蔑的表情较简单，也容易辨认。上嘴唇一侧向一边收紧上扬就代表了藐视、看不起的意思。而且轻蔑的表情在七种基本表情中还有一个明显特征，就是左右不对称。一个人表示轻蔑时，他的上嘴角会很明显往一边歪斜。常显露这种表情的人往往是那些自命不凡但又觉得自己怀才不遇。轻蔑是一种很自然的反应，很难伪装出来。

说完这些表情的特点和伪装，我们说一下说谎者常见的对表情的自我控制。在自然界，当动物遭遇威胁时，通常采用两种方式来保护自己：一种是像变色龙那样，利用环境来掩饰自己；另一种就是像豪猪那样把自己身上的刺竖起来，吓跑敌人。人类在进化的同时依然保持着动物的这类习性，因此说谎者在身体语言上实施自我控制也延续着类似的倾向：或者有意地压抑自己的动作或表情，或者主动防御来转移对方的注意力或掩饰自己的心虚。

前文讲到了好多说谎者利用言辞转移注意力的方式，那么说谎者如何控制表情来达到说谎的目的呢？常见的方式包括假笑（女人容易面露微笑，而男人时常装出大笑或干笑）、突然恼羞成怒或流泪。女人的眼泪让人同情，男人的愤怒让人感到害怕。这两种情绪一旦释放出来，多数人不会再追究言行上的不妥之处，说谎者扰乱视听，蒙混过关的目的也就达到了。判断一个人是不是真的愤怒和伤心，关键就在于假的这些情绪都来得太快，往往在没有足够理由支持的情况下就会突然爆发。此外，脸部如额头上的和下巴的肌肉也会出现不同的特征表现。这些我们在前文已有介绍，不再详谈。接下来我们要说的是那些难以被说谎者控制的微表情。

◎ 难以控制的微表情

尽管人们很可能会在某种情绪下试图去控制或隐藏自己的情绪，但有时不管怎么努力，总有一些真实情绪会不小心地泄露出来。微表情正是这种被隐藏的情绪的外在迹象，反映了一种被压抑的情绪。常常发生在人们试图去掩盖自己的真实情绪的时候。早期达尔文的抑制假说认为有一些情绪无法被抑制，这些情绪会通过表情泄露出来，从而反映出一个人是否在说谎。这也是微表情可以作为谎言识别线索的主要原因。

根据面部表情持续时间的长短和表现的强度，可以将表情分为宏表情和微表情。宏表情就是我们平时经常谈论的那种普通表情，持续时间通常在 0.5~4 秒。我们每天与他人的互动中都会自然地流露出这种表情，并且很容易在对方的面部观察到这种表情。上文讲到的七种基本表情就属于宏表情。那么，到底什么是微表情呢？微表情是人类试图抑制或隐藏真正情感时不经意间泄露的、短暂的、不能自主控制的面部表情。微表情持续时间为 0.04~0.2 秒。微表情与宏表情一样，能够表达一些基本的情绪类型（如悲伤、惊讶），也可以表达一些更为复杂的混合情绪。微表情的主要特征是持续时间短，且表情所涉及的肌肉动作很可能不完整。哈格德和艾萨克斯于 1966 年就发现了这种十分短暂的面部表情。1969 年埃克曼在分析一段医生与抑郁症患者（即第二章提到的玛丽）的对话录像时再次发现了这种转瞬即逝的表情，并将之命名为微表情。当时，埃克曼在对录像视频逐帧回放时，发现在医生问患者未来的计划时，她的脸上掠过一丝不易察觉的强烈痛苦、绝望异常的表情。它泄露了该患者想自杀的真实意图。这个案例激发了研究者对微表情的探索兴趣。在进行一系列的研究之后，人们发现微表情可以作为谎言识别的重要线索之一。其有效性甚至显著高于言语内容、语音、语调、身体姿势等其他线索。

真实的情绪几乎会自动激活其面部的肌肉动作，如果一个人不希望真实的情绪被表现出来，他将不得不努力抑制自己的表情肌肉动作。例如，一个处于悲伤状态的人如果不希望别人看出他的情绪状态，就必须抑制反映悲伤的面部表情。但是真实表情出现之后人们做不到马上抑制，一般在出现 0.04 秒后才能够抑制这些情绪的表达。而这个瞬间出现的、泄露当事人真实情绪状态的微表情，就可以被那些训练有素的观察者捕捉到。再比如，你问某位女同事，她跟相亲对象见面的情况怎么样？她可能会客气地回答说："他人很好啊！"倘若实际上那次见面简直糟透了，因为对方一晚上都在聊他的工作，基本上没有给他什么说话的机会，也没注意到他的感受。那么在他回答之前，他的脸上会先流露出混杂着礼貌与冷淡的嫌恶感。这种微表情可能持续不到一秒；若是把它用视频记录下来，在正确的瞬间，我们就可以见到这种表情。国内研究微表情的专家、中科院心理研究所副研究员王甦菁就曾说过："未来的人脸识别要从读脸向读心发展，根据照片、视频、微表情等，判断人的差异，再结合心理学的知识让计算机不仅能知道你是谁，还知道你在想什么。"可见，面部表情往往会传达一个人的真实企图，微表情也会出卖内心世界。因此，提升面部微表情识别能力有助于我们识破谎言。

那么微表情要如何识别呢？要知道，微表情不易被自我察觉，持续时间非常短（最新研究表明，170~500 毫秒为微表情表达的时间边界），我们又没办法做到像慢动作重播那样，让对方最秘密的表情无所遁形。为了弥补这方面的不足，目前学者们已经开发出很多针对微表情识别能力的测量和训练工具，来帮助人们更好地识别微表情。训练的重点在于，明确地分辨出特别容易混淆的几种情绪，例如愤怒与厌恶、恐惧与惊讶、恐惧与哀伤等。在训练过程中，可能会先以慢动作播放的方式，将一些面孔展示给受训者看，每一张脸都表现某种情绪，通过比较，受训者可以逐渐学会如何透过表情分辨各种情绪。练习一段时间后，会让其开始挑战来得又急又快的脸部情绪表达。受训者必须在极短的时间内判断，所见到的表情究竟反映出何种情绪？影像里的人流露出的是愤怒、哀伤还是厌恶的目光？训练内容和方式可能会各有不同。其中，埃克曼团队开发出了微表情训练工具。一般情况下，经过训练后，学习者识别微表情的准确性可以提高 30%~40%。在研究过程中，埃克曼甚至还发掘了一些号称“巫师”的奇才，他们揭穿谎言的准确度出奇地高。而这些“巫师”的成功秘诀便是：他们在判读微表情方面有着过人的天赋。

使用微表情识别谎言，还需要注意一个问题，被隐藏的情绪情感本身并不能证明这个人已经犯下或有意犯下某种罪行。微表情与其他情绪表达的方式一样，它不会告诉我们触发这个表情的原因或事件。即便是个体表现出了微表情或压抑的表情，也不足以确定这个人在说谎，无辜的人因为害怕被冤枉，可能会和说谎者展现一样的微表情。当然，也不是每个隐藏情绪情感的人，都会表现出微表情或压抑的表情，控制和管理表情的能力也有个体差异。基于这些原因，使用微表情来判断一个人是否在说谎时，还是需要结合其他线索来综合判断的。

◎ 与自我控制相关的身体姿态线索

早在 1905 年，奥地利心理学家弗洛伊德就指出，“任何一个感官健全的人最终都会相信没有人守得住秘密，即使他双唇紧闭，他的指尖也会出卖他，甚至他身上的每个毛孔都会背叛他。”也就是说，即使在有意隐藏秘密的情况下，身体的某些部位依然有可能泄露实情。谎言识别的基本假设是说谎和说真话之间在心理状态上存在显著的差异，表现在情绪、认知以及行为控制等方面，这些心理状态的差异在外在行为上的表现就成为可观察的欺骗线索。实际上，从识谎者的角度看，如果识谎者能够准确地感知说谎者的行为控制水平，那么谎言识别的准确率也会更高。这是有科学依据的。一项调查显示，警察认为犯罪嫌疑人在说谎时的认知努力水平、企图控制水平更高，紧张水平更低。而且，警察对犯罪嫌疑人的认知努力水平和行为控制水平的评价跟警察的谎言识别率有关。警察越是能准确感知嫌疑人的这两项水平，他识别谎言的准确率就越高；越不能准确感知嫌疑人的这两项水平，警察识别嫌疑人谎言的准确率也就越低。也就是说，我们对说谎者的行为控制把握得越准确，就越有利于识破他的谎言。那么，与企图自我控制相关的身体姿态线索有哪些呢？

为了避免自己的行为举止给他人留下不诚实的印象，说谎者常常会做出相应的自我调整。说谎者要表现得“正常”，不仅需要隐藏自己的心理活动，还需要了解自己的日常行为表现，知道如何形成诚实和令人信服的印象，并有能力展示他们想要呈现的行动。然而，想要控制自己的心理活动和外显行为并不容易。首先，人们不完全了解真实行为的表达特点或人们对说谎行为的刻板印象可能会导致行为控制的偏差。其次，一些行为表达难以控制。例如，面部的眼轮匝肌不受随意控制，这可能导致微表情的泄露；企图控制说话语气，反而可能导致音调变高；对于身体姿态线索而言，人们对面部的控制能力高于对手部、腿部和脚部的控制能力，因此身体部位可能会泄露更多的欺骗线索。前面对微表情已经有过介绍，这里我们重点说说身体姿态方面的线索。

说谎时的阐述性动作会减少。阐述性动作是伴随言语的、实时发生的动作，常被用来辅助人们说明难以用言辞表达的概念或想法。阐述性动作可以辅助人完成言语表达。例如，人们在口头描述某个物品的同时，会用两只手比画该物品的长度和高度等。虽然阐述性动作的减少并不一定都与说谎者的行为控制相关，甚至不一定都意味着说谎。但是当人们对于某事表现出关心或热心，而伴随言语的阐述性动作却不见增加时，这种情况多半是在假装或虚构故事了。德国的西格弗里德·施波雷尔等研究者也发现，说谎者的点头动作明显少于说真话者。另外，腿部和脚部动作也较少。

美国南加州大学的研究者约翰·格林通过研究发现，说谎者为了避免泄露内心的焦虑和情绪会有意识地减少身体动作。英国朴次茅斯大学的心理学家奥德顿·维吉等研究者也发现人在说谎时的腿和脚部动作、手部动作的减少与企图控制有关。其实这个很好理解，比如，当一个人在回答问题或陈述一件事的时候，把手往脸上放，通常表示所言不实。如果他在说话时用手捂住嘴巴，那就表示连他自己都不相信自己说的是真话。这些手部动作起着遮掩的作用，他在潜意识里企图隐藏真相。如果他在听你说话时，时而双手掩面或摸脸，则表示“我压根不想听你说这些”。另外，摸鼻子、抓背、搔耳朵或揉眼睛，都被视为欺骗的征兆。那既然手上的这些动作可能导致泄露自己在说谎的事实，说谎者出于掩盖的目的，自然会有意识地控制自己手部的动作，尽量减少自己这些可能招致对方怀疑的动作出现。

有一点需要注意：多数人在比较正式或自己不熟悉的场合都会不由

自主地对身体进行控制，让自己看起来更自然和谐。因此，不能简单地下结论，而必须对前后行为进行对比再说。另外，虽然试图控制是说谎较为可靠的信号，但是每个人控制的手法和程度都不相同，比如，有些人会倾向压抑自己的表情和动作，而有些人则习惯反其道而行之。对犯罪群体的研究发现，有经验的说谎者会尝试使用更多的身体动作，例如阐述性动作。这表明，企图控制与身体动作的关系受说谎者经验的影响，有经验的说谎者可能借用更多的身体动作等方式干扰或转移识谎人员对其可疑信息的注意。有些人控制的迹象很明显，让人感觉很做作，有些人则看起来很自然，不易被发现。这些不确定性都可能阻碍我们做出准确的判断。

第七章 | CHAPTER 7 |

洞察谎言套路

> 生活中，我们时常遭遇“被推销”——有人向你推销产品或服务，有人向你推销自己或观点。而如果我们拒绝的话，要么是我们真的不需要，要么是我们压根不相信对方所说。至于我们常说的“我考虑一下”“我和老公商量一下”“我现在没时间，过两天谈”等，多半是拒绝对方的委婉说辞。不过一些善于推销的专家能手和职业骗子，会使用一些心理诀窍和骗术花招，削弱你的判断力，引你上钩，达到他的目的。俗话说得好，“此生走过最长的路，是你的套路”。随着生活关系的日渐复杂，围绕在身边的套路越来越多，谎言也越来越多。这些计谋和套路以人性心理为基础，所以很难规避。但是，它们也很像魔术花招，一旦你知道它们究竟是怎么一回事，就不会被愚弄了。

◎ “同病相怜”可能是“对症下药”

我们都有这样一种倾向，会去亲近、信任与我们相似的人。这里的相似包括身高体态、兴趣爱好、宗教信仰、社会阶层、种族国籍、工作经历等各方面。心理学称这种现象为相似性效应。春秋时期，伍子胥与伯嚭“同病相怜”的故事就很好地体现了这一效应。

伍子胥原为楚国贵族，楚王听信谗言杀害其父兄，伍子胥因而逃到吴国，并受到吴王阖闾的重用。后来同为楚国贵族的伯嚭也因其祖父被谗言所陷遭平王杀害，而投奔到吴国。伍子胥与伯嚭先前并无私交，却向吴王引荐他，使他也同样受到重用。吴国另一大臣被离对此相当不解，便问伍子胥:“您为何初见伯嚭就如此信任他？”伍子胥回答:“这是因为我的遭遇和伯嚭一样。你应该听过《河上歌》吧？里面有一段歌词说:‘同病相怜，同忧相救。’就好像受惊的群鸟，会聚集而飞；受阻的流水，会回旋汇聚。我与他是同病相怜。又有谁不会因思念故乡，而更同情和自己有类似遭遇的同乡呢？”

这个故事也在一定程度上揭示了相似性效应产生的原因：我们更愿意相信与自己相“亲近”的人，希望与他们保持良好的沟通关系，也更能够与他们感同身受。不过这也是许多诈骗犯会在实施欺骗之前先与目标对象套近乎的原因。对于亲近的、与自己相似的对象，人们更有可能会放下防备，说谎者因此更易得逞。以下事例都说明了这一点。

美国有一个名叫人民圣殿教的邪教组织。其头领吉姆，曾经在教堂工作，他利用平均主义的旗帜吸引那些贫苦百姓成为信徒。他曾经是印第安纳波利斯市的人权委员会会长，致力于帮助当地社区缓解种族矛盾带来的冲突，并于1977年获得了马丁·路德·金人道主义奖，还收养过有色人种的孩子。这些经历无疑使他能够更加贴近有色人种，以及其他贫困的、自认为被社会抛弃的人（如流浪汉），并且迅速地吸纳他们成为团体的成员。由于他与这些信徒在信仰、经历等好多方面很相似，信徒们都很相信他的话，即使是他那些自称为基督转世、佛祖转世甚至列宁转世的荒诞言论。

无独有偶，在我国河南省活跃的一个传销组织“行善惠”，就打着“扶贫帮困”“行善共济”等旗号，发展普通农民、务工人员、残疾人等贫困百姓为会员，使这些人遭受了严重的财产损失。类似的生活条件和文化水平，使得这个传销组织在农村中畅通无阻，仅一个主要分部就有1300多名注册会员。

以上两个例子都说明，相似性效应确实容易让我们轻信对方，还很有可能给我们带来巨大的损失。那么，在什么情况下，我们可能会遭遇这种伎俩呢？除了要警惕以上提到的邪教组织、传销组织的洗脑，我们还要注意日常生活中常见的两种情况。

（1）当某人问及你的兴趣爱好、故乡所在地、喜爱的食物等问题之后，他却只简单回应说："我也是，真的太巧了。"这时你就得格外注意了，毕竟世上没有那么多的巧合。

（2）"一致性"可以使人产生信任感，并在彼此之间架起一道心灵的桥梁。在与对方的交谈中，如果你发现他在依样画葫芦，刻意模仿你的肢体动作、说话的速度，或语气腔调，你就要注意了。的确，当人感觉自在时，会倾向于模仿正在与他们沟通对象的肢体活动。所以，不排除对方对你很感兴趣、有好感。但如果你发现，对方很可能是在刻意模仿你，想让你放下戒备，完全信任他，你就需要提高警惕了。因为人越感到舒适自在，越容易上当受骗。对方很可能想利用"一致性"这个技巧来对付你。

◎ 阿谀奉承陷阱多

生活中，没有谁不喜欢赞美，也没有谁不需要赞美。渴望赞美是人的天性，是一种正常的心理需要。赞美之于人心，犹如阳光之于万物，从别人的赞美中，我们可以深切地感受到真情和温暖，得到力量和鼓舞。不过，正是由于赞美在我们的生活中有着广阔的"市场"，一些别有用心之人假借赞美的名义，兜售花言巧语，百般阿谀奉承，用谎言迷惑人心，只为让自己收获利益。

一百多年前，俄国杰出的寓言作家克雷洛夫创作的一则短篇寓言，精确巧妙地阐明了这个道理。这则寓言想必你肯定知道，它就是《乌鸦和狐狸》。

老天爷给乌鸦送来一小块乳酪。乌鸦飞到一棵枞树上，安顿下来准备吃早餐，嘴上叼着乳酪，在那里沉思默想。不巧得很，这时候一只狐狸从旁边跑过。狐狸闻到乳酪的香味，突然停了下来。他瞅见乳酪，完全被吸引住了。这个狡猾的骗子，卷动尾巴，踮起脚尖走近枞树，一眼不眨地盯着乌鸦，屏住呼吸，细声细气地说："亲爱的乌鸦，你多么漂亮呀！瞧你的脖子多美，还有一双俊俏的眼睛！说起来，真像童话里的一样！多丰满的羽毛！多小巧的嘴！看来，一定会有天使一般的声音！唱吧，亲爱的，别害臊！啊，小妹妹，你生得这样漂亮，如果你唱歌又在行，那你准是我们这儿的鸟中之王了！"乌鸦被夸赞得昏头昏脑，高兴得连气都透不过来。它听了狐狸的恭维，提高嗓门呱的一声大叫。乳酪掉落下来，狡猾的狐狸叼起就跑。

千古多少事，阿谀尽害人。赵高指鹿为马，亡了大秦帝国，历史上的奸臣佞臣，无一不是善于投机钻营的溜须拍马之徒，污染政治风气，结果祸国殃民。即使在今天，阿谀之风仍未绝迹，在一些人那里还挺盛行。有的人把阿谀奉承、溜须拍马信奉为工作"法则"，挖空心思揣摩上级意图，一门心思投领导所好，以此来套近乎、拉关系、留印象。正如一位领导干部所说"发一张自写书法的照片，被表扬得自己都脸红；晒一次跑步健身的成绩，收获点赞无数"。这种虚伪的赞美实际就是自私的谎言，这严重损害了社会风气，甚至可能滋生腐败现象。那些身边围满对其阿谀奉承的人，久而久之会产生唯我独尊、自以为是如同吸食鸦片一样的快感。而且，越是乐于被阿谀奉承的人，越是听不进不同意见，容不得别人讲真话。所以，如果不能对阿谀之词保持足够的警觉，久而久之，就很容易在错误的道路上越走越远。

轻诺者，信必寡；面誉者，背必非。那些善于在领导面前溜须拍马、阿谀奉承的人，并无多少是真心钦佩。下饵是为垂钓，张网是为捕获，拍马是为骑马。这些人真正的用意是讨好巴结权力，捞取私利。而在背后，他们往往又都是一些喜欢搬弄领导是非的人。所以，荀子直言："谄谀我者，吾贼也。"这点对于身居高位之人尤其值得重视。无论你是企业领导还是官场人士，都应谨记。

除了职场、官场，在现实生活中，一些商家为了促销商品、完成订单，对消费者进行阿谀奉承式的营销。这同样值得我们警惕。要知道，一门心思想着走捷径，靠恭维消费者而不是真正替消费者着想的企业是难以走远的，其提供的商品和服务能否经得起消费者检验也是值得怀疑的。

总之，花言巧语、阿谀奉承的背后往往藏着陷阱，我们不要被虚荣心遮蔽了双眼，要看清这背后的真相。但并非表示，一旦有人对你发出恭维赞美，你就该处处提防，想当然地认为所有赞美你的人都是别有用心。你只需要对充满伪善的赞美提高警觉即可。

◎ 你至少可以这样做吧？

如果有人对你提出一个很大的请求，大到你只能加以婉拒的时候，你就得小心了。因为大的请求被拒之后，继之而来的可能是一个较小的请求，而这个小请求，才是他真正的目的。"你至少可以这样做吧？"是此时对方会跟你说的话。如果你不知就里，会很容易答应对方的小请求，而此时也就中了对方的诡计。为什么会这样呢？这实际上骗子是运用了鲁迅提出的"拆屋效应"。

鲁迅曾于 1927 年在《无声的中国》一文中写道："中国人的性情是总喜欢调和，折中的。譬如你说，这屋子太暗，须在这里开一个窗，大家一定不允许的。但如果你主张拆掉屋顶，他们就会来调和，愿意开窗了。”这种先提出很大的要求，接着提出较小、较少的要求，在心理学上被称为“拆屋效应”。它能让人在一开始就占据比较主动的地位。

我们不妨设想两种情况。第一种情况是先提出一个对方难以接受的不合理要求，然后再提出一个相对而言比较容易达成的要求；第二种是直接提出比较容易达成的要求。对于这两种情况下，哪一种更容易被别人接受呢？

心理学家们通过各类实验，最终都证明，第一种情况下，随后提出的容易达成的那个要求更容易被人们接受。这就是拆屋效应的影响。这一效应隐含着双方的心理博弈。当你提出一个不合理的高要求时，对方会马上权衡得失，进而开始调整自己的心理预期，做出最坏的打算；而此时出现一个更为合理的要求，对方为了防止更坏的情况出现，同时也因为拒绝了前一个要求而对你有所愧疚，不愿意连续两次拒绝同一个人，便会尽量满足你的要求，做出适当的妥协，从而达成你最初想达成的目的。

商家在销售的过程中经常会用到“拆屋效应”。例如，在实施定价策略时，他们习惯于把价钱定得高于顾客的心理价位，然后再给予价格折扣，这样顾客便会觉得商家已经做出一些让步。相比于最初就以折扣价定价的商家而言，顾客会认为购买有折扣的商品是更明智的决定。

在家庭关系中，拆屋效应也有体现，例如，一名家长对犯错误的孩子大发雷霆，孩子受到责骂后，索性离家出走。当发现孩子深夜未归后，家长便心急如焚，四处寻找孩子的踪影。此时，如果孩子突然出现，家长往往就会抱着既往不咎的态度对待自己的子女。

但是值得我们真正警惕的是“拆屋效应”目前正广泛应用于“杀猪盘”诈骗。“杀猪盘”诈骗，即以“谈恋爱”为名培养感情后再骗钱，就像把猪仔养大后再杀一样。杀猪盘的套路大家应该都很清楚，无论前面如何铺垫，最后必定是要把受害人引到一个投资项目，比如股票、彩票平台等，这个引导的过程，骗子一般称之为“切入”。

“切入”环节往往决定诈骗是否成功。假如你是骗子的诈骗对象，骗子为了提高成功率，常利用“拆屋效应”引你上钩。他们往往先提出一个大要求，比如直接要求你进行大额投资或者向你发出赌博邀请。这个时候，你还比较小心，潜意识里是抵触的，往往会轻易拒绝。但骗子并不对你的拒绝感到惊讶，他们随后会退而求其次，提出另一个小要求：“那我自己投钱，要不你也注册一个账号帮我盯着点。”

这个小要求，不需要你投资一分钱，只需要在平台上注册账号盯一下行情，这往往让已经陷入情网的你无法拒绝。甚至为了弥补刚才的愧疚，你会主动快速注册。而这就相当于把一只脚迈入了陷阱中。

因为，随后骗子就会通过后台来控制输赢，让自己投资的东西一直盈利，好让你心动。你不知其中有诈，在心动之后自然就会掉入他们的下一环节，而下一个环节利用的则是登门槛效应。

◎ 登门槛效应

“登门槛效应”是美国社区心理学家弗雷瑟和弗里德曼在 1966 年所做的“无压力的屈从——登门槛技术”现场实验中提出来的。实验过程如下：实验人员让助手分别到两个居民区，劝说居民在自己的房子前面竖起一块写着“小心驾驶”的标语牌，负责第一个居民区的助手直接向居民提出了这个要求，只有 17% 的人接受了要求。第二个居民区，助手先是请各位居民在一份呼吁安全行驶的请愿书上签上自己的名字，结果几乎所有人都同意了。过了一段时间，助手向该居民区的居民提出了竖牌的要求，结果有 55% 的人接受了这个要求。

研究者认为，人的每个意志行动都有行动的最初目标，在许多场合下，由于动机复杂，人们常常面临各种不同目标的比较、权衡和选择。

在相同情况下，越简单容易的目标越容易让人接受。上述实验中，对比劝说居民竖标语牌，先让居民在请愿书上签字更容易。另外，人们总希望在他人眼中保持前后一贯、首尾一致的形象，即使别人的要求有些过分，但为了维护印象的一贯性，人们也会继续配合。这就好像登门槛一样，一级一级地向上走，就能顺利迈过高处的门槛。这就是“登门槛效应”，也被称作“得寸进尺效应”。

推销员就常常使用这种技巧来说服顾客购买他的商品。通常成功的推销员都不会向顾客直接推销自己的商品，而是提出一个通常人们都能够或者乐意接受的小要求，从而一步步地最终达成自己的推销目的。其实对于推销员来讲最困难的并非推销商品本身，而是如何开始这第一步。当你把一名推销员让到你的屋里，某种程度上他的推销已经成功一半，即使你开始并不买他的账，只是想看他如何表演。有时我们会发现这种方法的确是达成目标的有效途径，尤其是用于和不太熟悉的人打交道的时候，偶尔使用一次成功率还是挺高的。同样的，说谎者也常常利用这一效应，他们可能会以一些小的谎言为起始，让受骗者慢慢陷入谎言的大网中。上文提到的“杀猪盘”诈骗就是例子。

“登门槛效应”一般用于“杀猪盘”诈骗的“钓大”环节。什么是“钓大”呢？就是受害人被骗子误导之后，愿意投资彩票、股票等所谓的理财项目，嫌疑人指使其由小往大开始投资，慢慢钓大鱼。

假如你是被诈骗的对象，开始的时候，骗子可能会先让你投资几百块钱练练手，随后就是几千块、几万块，一步一步增加投入。在这个时候，骗子往往会通过后台控制保证你能盈利。整个过程慢慢推进，就像温水煮青蛙。在你越陷越深的时候，会通过调整后台设置让你亏钱，如果此时你拒绝投钱，骗子往往会质问：“之前就能投钱，为什么现在不行呢？”此时的你有可能已“鬼迷心窍”，因而浑然不觉，为了让自己心中的理想爱人不看扁自己，忍痛去接受这些越来越大的要求，把自己的积蓄全部投进去不说，甚至还要借钱、贷款，不断深陷其中，直至钱财耗尽方才醒悟。骗子利用“登门槛效应”编织了一张谎言的大网，让无数受害者损失惨重。

起源于俄罗斯的蓝鲸游戏同样利用了这一手段，成了一种可怕的自杀游戏。游戏的组织者让青少年完成一系列“难度递进”的任务：每天在凌晨4点左右起床，听他们提供的音乐，观看恐怖电影，和“鲸鱼”对话，乃至在手腕上割刀痕，最后实施自杀——这一过程，利用的正是登门槛效应。蓝鲸游戏通过网络教唆自杀，宣扬自杀的“浪漫”，并让青少年为了实现所谓的“归属感”而结束自己的生命。虽然该游戏的始作俑者、俄罗斯青年菲利普在2016年10月落网，但该游戏却如同瘟疫一般蔓延到了世界其他国家，严重危害各地青少年的人身安全。

邪教组织吸收新成员，也往往会利用“登门槛效应”。办法就是慢慢地使招募的对象涉足教派事务，每一次都有更进一步的牵连，这样就迫使成员把先前的行为合理化、正当化，深陷其中，难以自拔。而一个人越自信、自尊心越强，就越有可能做出独立自主的决定，越不可能沦为邪教的牺牲品。因为这样的人能够承认自己做了蠢事，并愿意归正；而一个缺乏自我价值的人，则无法挑战、质疑自己的判断、价值，他更倾向强迫自己为先前的行为辩护，证明自己是对的。他会强迫自己吃自己不想吃的食物，只因为自己点了这份餐；他会强迫自己接受并不适合自己的衣服，只因为自己已经买下了它。他一直试着“把事情做对”，非得让自己的言语、思想、信念、行动保持一致，用一致性来使先前的行为正当化。为了符合过去的行为，使其正当化，即使对现状不满，也必须对目前的看法加以妥协让步，“我是对的”始终是他最关心的问题。

为了避免其他人把这个技巧用在你身上，你要留意对方是否请求你允诺某些事情，即使事情微不足道，你也要小心。你答应了他的请求之后，接踵而来的是比前一个请求稍微再大一点点的请求；过了一段时间，当你的“允诺感”发展到一定程度之后，你的决定就会深受“允诺感”左右。当你做决定的时候，要注意这个决定是否为你自己而做，还是你只想要让先前的行为正当化、合理化。你要知道，什么时候该坚持，什么时候该放弃，不要被骗子的谎言牵着鼻子走。

◎ 利用花哨的数据，让你上当

众所周知，一篇论文要说服别人赞同自己的观点，作者往往会把道理摆出来，并列举事例、数据等进行佐证。同理，一件事要让人相信其真实性，叙述的人往往就会把事由、情节叙述得有条不紊。简而言之，有理有据的事往往更能让人信服，让人不会起疑。

所谓“有理”是指合乎情理；所谓“有据”是指有根据，这个根据有时是确凿的事实，有时是精确的数据。尤其是一些数据，往往具有很强的说服力，让人相信其背后就是无可争辩的事实。19 世纪的英国作家本杰明·迪斯累里曾经说过一句话，最能贴切地形容这种情况：“谎言有三种：谎言、糟糕的谎言以及统计数字。”

正是因为数据具有如此巨大的迷惑性，一些高明的说谎者便会利用数据来使自己的谎言听起来更真实。美国前总统尼克松就是这方面的高手。他在读大学期间，特别擅长辩论。一次辩论中，他舌战群雄，论点掷地有声，因为他从一张纸上读出了一连串统计数字。当辩论结束后，有人拿起尼克松读过的那张纸，却发现上面一个字也没有。他凭空编造了一些数字，煞有介事地“读”。

尼克松说谎成功就是利用了人们对数字的迷信。而且数字越精确，往往越能让人相信。就连拿破仑这样精明的人也因迷信精确数字而上当。

拿破仑每次检阅军队，值星官都要在检阅前进行点名，然后向拿破仑报告点名的情况。有一次，值星官由于迟到，没能顾上点名。而这时军乐声奏起，拿破仑已正步走到了检阅台上。为了躲避惩罚，值星官装作已经点名的样子，快步跑到拿破仑跟前，并以十分清晰的口齿向拿破仑报告："报告将军。本部已全部集合完毕。本部官兵应到 2344 人，实到 2438 人。请你检阅。"由于紧张，值星官的话出现了明显的漏洞，实到人数比应到人数还多，但拿破仑见值星官报告的数字这么精准，竟也没有去推敲，反而非常满意地点了点头，说："很好！"同时回过头对他的参谋说："记住这个值星官的名字，数字记得这么准确的人应该受到重用。你们以后也得向他学习，给我汇报时尽量用精确的数字。不要用大概、可能、也许、差不多这样的词。"

以上两个事例都提醒我们，不要迷信数据，否则很容易被骗子利用。要知道，数据一方面具有客观性，但另一方面也是由人来统计、运用的，一个数字被提出来，提供数字者的主观意识早已被融入其中了。比如尼克松编造数据时就是希望以此迷惑辩论对手，值星官报告点名情况时很可能也对拿破仑喜好精准数字有所了解。即使是统计学家，他也可以采用对雇用他的机构有利的统计方法，甚至歪曲统计数字。因此，在生活中，千万不要一见到数字，就立即认为这是具体的、真实的，一定要细心求证以避免被这些看似颇有说服力的数据所欺骗。

事实上，日常生活中我们也常被数据迷惑。就拿网购来说，我们在网络消费时都习惯先看看其他用户的评价，然后优先选择信誉好、成交量高的商家。这些看上去实打实的数据会莫名地给我们一种安全感。可是一些不良商家正是抓住并利用了我们的这种心理，通过较低的成本（比如雇人刷单、刷信誉）买来一片"好评"和"销量"，再用这些虚假花哨的数据蒙蔽和欺骗我们，好让自己收获丰厚的利润。还有商家喜欢对数据进行一番"装饰打扮"，好增加消费者的好感度。请记住，如果一个人只是凭借一个彩色图表作为他立论的证明，并不能使他所说的每一件事成为事实。切勿受到信息类型的影响，你应该把焦点集中在信息本身。有多少人听信售货员的推销叫卖，只因为他展示了一本精美的彩色小册子，里面花花绿绿的数据令你应接不暇。可我们怎么能够确定那些印刷品不会说谎？

令人感到讽刺的是，针对商家普遍希望有好看数据的心理，一些不法团伙把“流量高变现快”当噱头，披上传媒公司的外衣，炮制流量骗局。骗子会声称，不管是哪个网络平台，只要经过他们的策划和操作，就可以让一条不起眼的短视频，有几万甚至是几十万的观看量。而实际情况是，一条视频一晚上 20 多万的观看量都是机器刷出来的。骗子可以用一个中控软件控制着上百部手机，24 小时不停运转，基本上用 1 小时就可以达到 1 万到 5 万的流量。

总之，不要迷信数据，数据也可以造假，骗子让你看到的都是他希望你看到的。

◎ 从众心理

前文提到，网购时我们会查看其他用户的评价，然后优先选择信誉好、成交量高的商家。其实，线下消费也有类似情况。你新到一个陌生的地方，想要同几位朋友一道外出就餐，而此时附近正好有两家相邻的饭店。不同的是，一家门庭若市，顾客满堂；另一家则是门可罗雀，顾客稀疏。如果是你，你会选择哪家饭店就餐呢？那家顾客满堂的饭店给人的感觉是“饭菜可口”“服务周到”，而那家顾客稀疏的饭店给人的印象却是“饭菜难吃”“态度恶劣”。而且顾客盈门的饭店会让人觉得安心，而进入没有多少人就餐的饭店，则会让人觉得应该时刻保持警惕。这在一定程度上反映了我们的从众心理——在不确定的情形中，人们往往会倾向于采取与周围人相似的行为。

有项研究还发现，从众心理甚至可以轻易改变一个人对线段长短的理性判断：当一个 8 人群体中有 7 个人说 3 厘米的线段 AB 和 4 厘米的线段 CD 一样长的时候，剩下的那个人就有可能无法再坚持线段 AB 和线段 CD 不一样长的判断了。也就是说，在特定的情境下，人们会更倾向于接受和遵从集体规范，更愿意随大流，甚至不在乎这种规范和大流是否正确，表现出明显的从众心理。

在我们的生活中，处处可见这样的心理特性。情景喜剧所使用的噱头笑声，就是一个例子。我们会不由自主地被别人的笑声感染，跟着笑起来。4S 店的销售员告诉你，某型号的新能源汽车智能舒适、外观前卫科幻，是今年卖得最火的车型，突然间，你就觉得自己非得拥有一辆这样的车子不可。当有人跟你说“这是今年的流行色，很多人都在使用，您也来一个吧”时，即使原本不太想买，最终还是在唯恐自己落伍的心理动机作用下掏钱购买了。

这种从众心理有时是积极的，如别人献血你也去献；有时是消极的，如看到别人在公园摘花，自己也跟着去摘花。骗子往往会利用人们的这种心理。比如，当人们在面对单个说谎者时，或许不容易被花言巧语所迷惑；但是说谎者只要安排一些起哄的同伙，在旁撺掇、误导，就会增加谎言的可信度，也会使受骗者迫于社会压力，做出错误的决策。20 世纪 90 年代初，社会上出现了一种骗局，即商店或是路边小摊雇上一个或几个人，假装成顾客，做出种种姿态，引诱真正的顾客购买其产品，也就是俗称的“托儿”。即使是现在，类似的骗局也不少见。重庆有家网红包子店，为营造火爆人气，雇老年人当托排假队，“购买”包子后，到地下车库将包子暗中交还门店“回收”再卖。

在电信诈骗中，诈骗者会不定时向目标对象投放各种“信息”，营造他人也在参与的氛围，利用受骗者的从众心理，让受骗者信以为真。有的受骗者提到：“当时在一个培训群里，那个所谓的培训老师一直说开通会员的可以退群，以及马上就可以做任务了，那个人还开着语音一直在说某某某微信或者支付宝已经完成转账。我当时就觉得是真的。”“群里会有很多和别人聊天的记录和各种交易记录。”“他给我发的那些数据上面有很多人的名字，我也是其中之一，还说这些人都任务完成了，要我抓紧完成，这样才能把钱退给我。”许多受骗者为了保持与群体的意见一致，摆脱脱离群体的心理压力，选择继续相信诈骗者所提供的信息。

而真正可怕的从众行为发生在架构更为严密的邪教组织中。一方面，邪教迅速蔓延的一个重要原因，就是利用了人们的从众心理。恐惧容易诱发从众心理，所有邪教进行宣传煽动时，无不使用威胁、恐吓的手段，大肆宣扬灾劫说，宣称只有信奉该教才能得以解脱。对于那些信以为真的人来说，与其惶惶不可终日，不如追随邪教组织，给自己找到一条超脱之路。有的是不愿承受群体的压力而产生从众心理，加入邪教组织。很多邪教组织就是以一定的人数组成群体开展集体活动，在一定的区域内形成“人数优势”，造成规模效应。而这种有一定规模的群体，对区域内未加入该群体的其他人员，会产生“与众不同”的心理压力，从而使个体做出从众反应。调查研究发现，女性邪教人员多是受他人影响加入邪教组织的，大多数女性是在家庭成员及其他亲属、朋友、同学、同事、邻居等熟人的带动下加入邪教组织的，这点要引起重视。

另一方面，邪教组织会利用人们的从众心理管控信徒。在那里，信徒们不得不遵从严苛的管制，放弃自己的事业、财产和日常生活方方面面的自由。对于个体而言，服从这样的管制几乎不可能；但是对于信徒而言，强大的集体压力和模仿影响使得他们失去了自我控制，臣服于非人的管束。在从众心理的影响下，信徒们可以轻易地放弃自己的生命，或是在“教主”的唆使下伤害他人的生命。

总之，从众心理虽然有时对我们有利，但也往往被骗子利用来牟利。在面对选择时，要理性评估信息的真实性，根据自己的判断决定怎么做，而不是一味地从众。

◎ 天下没有免费的午餐

你是否会感到迷惑不解，为什么商家会喜欢免费提供给顾客一些小礼物、小商品，甚至是服务？比如药店门口免费品尝的酸梅汤，街面上免费擦鞋服务，等等。除了商家的热心之外，另一个原因就是，他们明白，大部分的人在收到免费礼物或服务后，都会觉得自己非得对店家有所回报不可。我们知道自己没有购物的必要，而且刚开始的时候，我们并未主动索取免费礼物，但就是会觉得不安。

当某人给予我们一些东西时，我们往往会觉得有所亏欠。对方给予我们的不局限于实体的“礼物”，例如对方可能提供一些情报、消息，一个让步行为，甚至为你挪出一些时间。别以为销售人员不知道，当他们花了很多时间为你介绍产品，说明产品的操作方法之后，即使你不确定自己是否真的中意这个商品，你也会觉得似乎有点义务要买下商品。这就是水果店老板常热情邀请你品尝水果的原因。有一次，我去书店看书，本来没有买书的打算，只是想阅览一下自己想看的书。但是由于看的时间有点久了，自己从心里就觉得需要做点什么以回馈店家。所以，在我走的时候，随手买下了那本我本来不打算买的书。

因此，做出正确决定的关键是，在做决定的时候，不要受到他人给予利益的影响。还有就是，尽量不要贪图小利，这往往会使你陷入被动。因为骗子常常会利用人们的这一弱点来行骗。相比于前面讲的商家免费提供礼品不同，这里的“免费”纯粹是吊你上钩的诱饵。前者属于商家的一种营销策略，实际上无可厚非；后者就纯粹属于诈骗了。比如，骗子会邀请中老年人“免费旅游”，趁机推荐投资理财软件，吸引他们拿出养老金“投资”，宣称消费就能返利，成为“高级会员”可以

“躺着赚钱”。可想而知，“免费旅游”是假，骗钱才是真的。

还有这样一个真实的案例。胡女士在逛街时看到路边的一男一女正在做“产品推广”，称“扫描二维码并转发至微信群，即可免费领取水杯一个”。胡女士直接将自己的手机交给对方操作，随后她便免费得到了一个水杯。而对方到底发的是什么“产品”信息，胡女士也没有在意。实际上，对方发的是一条“轻松赚零花钱的兼职广告”。不料，身在同一小区的秦女士看到胡女士在小区微信群里的这则广告链接心动了，没多想就点开了链接，按照提示完成了注册。添加了客服人员后，对方告诉她工作内容非常简单，就是给商家点赞刷流量，有小单和大单之分，小单返利少，大单返利多，并告诉秦女士可以先从小单做起，试试是否能赚到钱。读到这里，好多人已经知道了，这是一个典型的刷单诈骗。而在骗子一步步误导下，不知有诈的秦女士受骗资金达 13 万余元。事后，胡女士也因自己贪图小便宜，间接成为骗子的帮凶，导致邻居被骗，感到十分愧疚。

在网络发达的今天，“免费送”活动活跃于各大社交网络平台，聊天或者刷动态总会看到一些人“求点赞，求转发，可得某某产品”。骗子利用的就是人们“贪小便宜”的心理。看到“免费”两字，以及很容易满足的条件，许多人就心神荡漾，放松了警惕。明明是想收获一点小福利，奈何却总因小失大，得不偿失。为了获得领取资格，受骗者通常得配合不法分子进行转发点赞、邀请好友、拉入群组等行为，在无形中为不法分子进行了宣传，扩大了他们的诈骗范围，非自愿地让热心的亲朋好友上当，成了骗子的帮凶。在“商品免费赠送”的诱惑下，受骗者还往往会将姓名、电话、身份证号、家庭住址等比较重要的个人隐私信息如实“送给”不法分子，而不法分子向外出售收集到的个人信息，又导致无数的受骗者被频繁骚扰。另外，一些“免费送”的群可能会发一些信息诱导你投资、赌博、刷单，多种混合骗局让受骗者的损失更为惨重。

要知道,“馅饼”往往就是“陷阱”。为此,我们需要注意以下几点:网络购物应当选择有质量保证的正规商家和网购平台,不点击、扫描任何来源不明的链接、二维码;购物不要贪便宜,骗子就是抓住你贪便宜的心理,引导下单;谨慎转发各类集赞、换领广告,不要让你的一次轻信,给了骗子伤害身边亲朋的机会。只要谨记天下没有免费的午餐,天上不会掉馅饼,提防占小便宜吃大亏,擦亮眼睛,那些骗人的小伎俩我们都可以一眼识破,不落入骗子的陷阱。

◎ 专家效应

如果你希望能瞒住父亲的病情,让老人在不知情的情况下安享晚年,为了让老人信以为真,你会更倾向于以下哪种实施方案呢?

方案一:医院的医生走进病房,轻松地对罹患胃癌的父亲说:“检查结果出来了,你可能有一些肠胃问题,不是什么大毛病。但是你现在年纪大了,所以我们建议你接受细致的医学护理,按时吃药并进行定期检查。”此时你与其他的家人纷纷应和。

方案二:你走进病房,轻松地对父亲说:“爸,没事儿。你就是有一点拉肚子,只要吃点药,之后多注意身体就可以了。医院会提供生活上的护理,你不必担心。”此时医生和其他家人纷纷应和。

不出所料的话,我猜你会选择由医生去跟父亲说谎,因为他是医学方面的专家,他的话更容易让病人相信。研究也表明,人们更愿相信相关领域的专家。一方面,专家在谈及自己领域的话题时,可能会提供大量的证据和细节,内容逻辑清晰,表现出相当高的权威性;另一方面,人们更愿意相信专家所做的论断是基于其专业知识,是由过往经验总结而来的,而事实也确实如此。这实际上反映的是专家效应。它指的是在某个特定领域内,经验丰富、知识渊博的专家对问题的解决和判断能力比非专家更为准确和可靠。以下是一些专家效应的例子：

（1）经理人的决策能力：经验丰富的高管们可以在复杂的商业环境中做出准确的决策，因为他们对市场动态和行业趋势有深入的了解和分析。

（2）厨师的烹饪技能：顶级的大厨们能够在短时间内创造出美味的佳肴，因为他们有丰富的经验以及对食材和烹饪技巧的深入了解。

（3）律师的法律知识：经验丰富的律师在处理案件时，能够更准确地理解法律条文和规则，因此可以更好地为客户制定合适的法律策略。

总之，专家效应在许多领域中都非常普遍，这也证明了经验和知识对于解决问题和做出决策的重要性。

然而，正是因为专家效应巨大的影响力，骗子也会利用它来获得受骗者的信任。常见的有，一些不法商家以“访谈、讲座、采访、座谈会”等形式为幌子，以邀请某些“知名专家”为噱头，为老年人进行“养生”讲座，顺便兜售保健品。其实，他们所谓的“专家”“教授”都是由演员扮演的，这些人根本没有任何真才实学，只是照着老板的要求一味地夸大产品的功效，每个人的台词都是提前准备好的。不少老年人因为盲目信任这些所谓专家或名人的介绍，从而选购了大量假冒伪劣的保健品。

实际上，人们对专家的迷信，来源于对权威的迷信。在美国心理学家进行的一个实验中，通过向学生们介绍一位著名“化学家”来测试学生对蒸馏水的反应。这位“化学家”煞有其事地拿出一个装有蒸馏水的瓶子，声称这是他新发明的一种化学物质，并请求学生们如果闻到气味就举手。尽管蒸馏水实际上是无色无味的，但在“权威人士”的引导下，多数学生错误地认为这种水有气味并举手，这体现了人们对权威的重视甚至迷信。而以下三种貌似权威的幻象最容易把普通人往“坑”里带。

一是“权威”的人。比如高官、名人、专家、学者之类，这些“权威”号召力强，一呼百应，所以骗子最喜欢找这些人站台。但无数涉众型诈骗案件说明，其实“权威”的人不见得靠谱。对于高官，识不配位的不在少数；而名人代言的产品他自己也不见得了解、使用和购买；对于专家学者，前面已经重点讲过，现在有大量的伪专家、伪学者存在，他们为博眼球，语不惊人死不休。

二是“权威”的媒介。普通人的常识是，越大的媒体、层次越高的媒体越靠谱，骗子正是抓住普通人这种心理，不惜砸下重金在全国性、收视率高、发行量大的媒体上做广告。比如，经常有人冒充医学专家，利用电视台为假药打广告，欺骗观众，尤其是中老年观众。

三是“权威”的场所。越是高大上的场所，越能彰显实力，越容易获得人们的信任，所以，许多诈骗公司一定要选址在甲级写字楼，开推广会一定要选在五星级酒店，员工也是个个西装革履、道貌岸然。

为了防止上当受骗，遇事要冷静思考、认真分析，不要盲信权威，要在心里多问自己几次：所谓的“权威”是不是真的权威，所谓的“专家”到底是不是专家。否则，骗子穿上一身马甲，我们可能就真的认不出来了。比如电话中的警察就是不可信的，因为真正的警察办案不是这样。或者来了个穿制服的，什么也不说，就让你跟着走一趟，然后恐吓你花钱消灾，这也不是权威的样子。电视上那些为某些药品、器械做担保宣传的，也往往不是真正的权威，因为权威不会成为一项具体产品的代言人。这时候要分清一点，即使这个人真的有专业背景，但是他做出了不符合权威身份的事情，而是明显用权威身份谋利，那么他的话也不见得就可靠。

◎ 吸引力效应

吸引力效应是一个心理学术语，指的是人们在评估一个人或物品的时候，倾向于看重其外在的吸引力，而忽略其内在的品质。这种现象在生活中非常常见，比如在爱情关系、职场竞争、产品营销等方面都有体现。

在爱情关系中，吸引力效应体现在人们更容易被外貌吸引。许多人在选择恋爱对象时，往往会首先看重对方的外貌，而忽略其内在品质。这种现象在相亲、网络交友等场合尤其明显。然而，这种以貌取人的行为往往会带来一些问题，如关系不稳定、忽略了更重要的品质等。“杀猪盘”诈骗中，骗子往往把自己包装成帅气小伙，增加自己成功的概率。

在职场竞争中，吸引力效应则体现在人们更容易被外在形象吸引。许多公司在招聘员工时，往往会更看重候选人的外在形象，如穿着、打扮等，而忽略其实际能力。这种现象在模特、主持人等职业中应用尤为广泛。然而，这种以貌取人的行为同样会带来一些问题，如能力不足、影响工作效率等。

在产品营销中，吸引力效应则体现在人们更容易被外在包装吸引。许多产品在推销时，往往会采用华丽的包装、艳丽的色彩等手段来吸引消费者的注意力。这种现象在化妆品、服装等消费品中尤为明显。然而，这种以貌取物的行为同样会带来一些问题，如产品质量不佳、虚假宣传等。

假如你经营着一家洗发水的企业，现在准备推出一款新型洗发水，在选择广告模特时，你是会选择长相英俊漂亮的，还是会选择长相平平无奇的？我想你会选择前者。除了专家和专业程度之外，另一个可能影响人们对信息发出者可信度判断的因素是他的外表吸引力。为何会出现这种现象呢？原因有很多种。可能是因为，具有较高外表吸引力的信息发出者更容易解除人们的防范；也可能是因为，人们希望与“养眼”的人多交流，因而更愿意主动相信其言论和观点。

吸引力效应的存在，既有积极的一面，也有消极的一面。积极的一面是，外在的吸引力能够吸引人们的注意力，促使人们更深入地了解对方或产品；消极的一面则是，外在的吸引力容易让人们忽略内在品质或实际能力，从而带来不必要的风险或损失。说谎者也会利用人们这种普遍的心理，达到欺骗的目的。历史上许多的邪教团体首领大多有着潇洒的外表，却谎话连篇，使得教徒深受其蛊惑而无法自拔。所以，长相漂亮不见得就会说真话。

因此，在生活中，我们需要正确对待吸引力效应。对于个人而言，应该更加注重自身的内在品质和实际能力，而不是过分追求外在的吸引力；对于企业而言，应该更加注重产品的质量和实际效果，而不是过分追求外在的包装和宣传。

第八章 | CHAPTER 8 |

坚持六条原则

> 识破谎言是一件非常艰巨的工作，因为人际间信息交流是非常复杂的行为，有时甚至毫无条理可言；其次，我们常常无法克服自己的个人偏见、先入为主的想法以及对事物的错误认识。这些都使得我们识别谎言的能力大打折扣。我们想要克服这些障碍，我们必须小心翼翼地进行分析，以减少对别人的诚实进行错误解读的风险。没有比误解一个诚实的人更让人感到糟糕的了，当然，谁也不想被欺骗。不过，有七条非常方便记忆的指导原则，能够帮助我们在尽量减少误判的情况下，识别出对方是否处在说谎导致的精神压力之下。

◎ 常态原则

什么是常态原则？这个原则是说，确定一个人的常态行为或正常行为是识别任何其他重要行为的前提。一个人的常态行为就是一个人在正常情况下言辞和身体语言的模式，包括正常状态下讲话的方式、表情、身体动作、姿势等表现特征。也就是说，如果某人的行为偏移其惯常的状态，那么，你就可据此怀疑甚至判定这个人在说谎。至于这样做的依据是什么，我们大概可以从测谎仪中得到答案。

传统的测谎仪也被称为“多产作家”，因为它能同时测量多个方面，如脉搏、心跳、呼吸、汗水甚至声音。它是如何工作的呢？测谎仪的构造其实很简单，且不了解人类的不同情绪或行为控制，它只测量身体的正常状态，即所谓的“基准线”，并捕捉身体的变化。具体的测试方法有很多，其中“相关—无关测试”方法，构成了传统的测谎问答。在进行“相关—无关测试”时，首先要问受测者一些无关紧要的问题，诸如现在几点、受测者的名字等。对于这些问题，受测者可以大方地据实以告。我们可以测量出受测者对于这些问题的生理反应。这就是正常状态的生理反应。确定了这个之后，便可以开始提出一些受测者可能会用谎言来回应的关键性问题。比如说“你是否参与了盗窃？”倘若这时受测者的生理反应起了变化，偏离了基准线，那么这些改变便可以被当作说谎行为的线索。

实际上，我们生活中也在有意无意地使用这种方法。举例来说，现在异地夫妻很多，丈夫在外地工作，妻子带着孩子在老家。许多人差不多每天都要通过电话、微信等方式保持沟通。作为丈夫，在每天的通话中，你能感觉到妻子语气上的任何细微变化，能够从她的声音强度和话语速度上立刻推断出她是否感到疲倦，她是否得了感冒，抑或是你们的两个孩子出了什么麻烦，你还能从她的话语内容之中听出她在老家过得顺不顺心。这都是因为你对她正常行为模式有较充分的了解。

一个人的常态是你判断的基准。你在信息沟通中对他人的判断，都基于与这个基准的比较。有几种方式可以帮助你确定观察对象的常态。如果你碰巧熟知观察对象，你可以在脑海中回顾和他相处时的体验。你可以在脑海中回顾这个人在受到挫折、处于紧张状态、处于兴奋状态以及愤怒时的表现。在这些情况下这个人的话音是怎样的，你能够描述出他声音的语调吗？他的音量有没有发生变化？在这些情况下他有没有做出手势？是攥拳还是挥手？身体姿态是什么样的？当他说话的时候，他表达清晰、简短还是含混、迟钝？出现口误多不多？会不会口吃？他脸上的表情是什么样子的？爱笑吗？笑的程度怎么样？他是带着一副夸张的神情还是冷若冰霜？这些都是你需要留意观察的行为特征。

假设你对你的观察对象并不熟悉。可能你刚刚碰上他，或者你只在过去和他有过有限的接触，那么你如何对这个人的常态有所了解呢？很简单，不妨直接交谈。事先与对方交谈越多，就越能精准找出对方的基准线。实际上这样做是有必要的，审讯专家惯用的招数也是如此。他们会在审讯一开始先跟嫌犯闲聊，借此认识嫌犯一般的言谈举止。若是能让嫌犯打开话匣子，那么稍后提到一些关键性问题时，他也会比较愿意多说一些。这似乎是人类的惯性，一旦聊开了便很难停下来。基本上，一般人最喜欢聊的就是自己，兴致一来，甚至可能将自己的兴趣、经验以及成就全都说出来。其实，不光是审讯专家爱这样做，就连骗子也会通过这种方式跟目标对象套近乎，一来可以获取对方的信任，二来还可以由此获取对方更多的真实信息。因此，适度对交谈对象表现出感兴趣的样子，较能够驱使对方侃侃而谈。一般来说，面对熟人时人们会很快展开交谈，但就算是面对陌生人，例如新客户，大部分的人也不会排斥适度的闲聊。这不是一件复杂的事情，不过要注意，你跟对方闲聊时尽量讨论一些非关键性的话题，比如家庭、体育运动、天气、电影，这些话题最好不要跟你最关心的事物相联系。

你可以问对方一些问题，这些问题可以是你已经知道答案的，如询问其工作单位或孩子的性别，也可以是你知道对方肯定不会说谎的。记住，想了解对方的常态，必须基于对方说真话的情况，如果不是则毫无意义。切忌像查户口一样，用审问的口吻获取一个人的行为常态。这样不仅违背了社交礼仪，容易引起对方的反感，也可能让对方提高警惕。正确的方式就像开始提到的那样，在对方不知情的状态下，以在轻松的氛围下聊天等方式了解。这样做有三点好处：一是相互之间建立一定的感情联系；二是增加对对方的了解；三则是对其行为常态有一个大致的认识。在听对方讲话时，你最好耐心地倾听和观察，而绝不是自己滔滔不绝。一问一答之间，看对方究竟表现出怎样的言谈举止。观察他的表情特征、手势、惯用语等，并记住这些言辞和身体语言的模式。在后续识别谎言时，一旦他的言行、表情和姿势等与行为基准出现差异，就可能是谎言的信号。

如何判断某个公众人物正在说谎？这也许是你关注的问题。像演员、体育明星、商界巨子或者诸如此类的那些已经被媒体变得透明化的人，你怎么才能够对他们的常态有所了解呢？如果你是某位明星的粉丝，你怎么观察他的常态呢？当然，你不会轻易见到他，也可能会去看他的演唱会，但这种方式并不实用。一般来说，媒体会通过他们的采访给你分析和研究的机会。别人代替你和这个人交谈、互动，对你来说未尝不是一件好事。你所要做的一切只是坐下来，仔细观察、倾听，同时集中注意力。一个人在公众面前抛头露面的次数越多，你就有越多的机会在不同的场合下观察他，并以此作为基础建立起他的常态模型。比如，通过电视访谈节目、电影发布会上的发言互动、回答问题等场景进行观察。对方的状态越随意，你评估的效果就会越准确。

总之，无论是谁，你熟悉的人也好，不熟悉的人也罢，公众人物也好，高效率地利用时间寻找和确定对方的常态就是你所要走的第一步。只要一个人想欺骗别人，不管他预先排练了多少遍，必定会在某些方面露出马脚。而你对他的常态行为越是了解，你就越能从他的言谈举止中找到脱离常态的部分。当然，你要记住，实际上，没有人能够一览无余地鉴别出别人撒谎时的全部特征，所以你所要做的就是尽量发现对方的纰漏，进而准确可靠地判断其可信度。

◎ 变化原则

变化原则强调要留意观察对象脱离常态而发生的变化，包括出现新的行为模式或者那些本来存在的行为模式发生重大变化甚至完全消失。

常态原则中提到，每个人都已经形成了一些根深蒂固的行为模式，这些行为模式与我们特定的心理状态发生对应，不管是郁郁寡欢还是乐不可支，无论是心烦意乱还是悠闲放松。根据同样的道理，在花费许多年与周围的人进行交流之后，我们在情绪表达和思想表达上也发展出了一套微妙的平衡系统。这样的平衡系统以及常态模式使得我们的世界更加秩序井然并且易于驾驭。不过，当一个人在说谎时，他会打破这种平衡，而其结果必然会表现出来，尤其在一个人本身就不善于维持平衡的情况下。

当一个人说谎的时候，他必须同时在大脑中处理许多条思路，同时应对多种真实的情绪反应。我们之所以能够从一个人常态的变化推断出他有可能正在说谎也正是基于这一点考虑的。这些层次繁多的反应缠绕在一起，对一个人集中注意力的能力构成了巨大的挑战。要想同时完成这一切非常困难，事实上我们也经常失败，而失败的结果就是我们做出反应时表现出的差异。一旦你对观察对象的常态有所了解，你便可以从其行为模式的变化之中找到这种差异。

当一个人说谎时，由于处于压力之下，他的行为模式有可能在三个方面发生变化：出现新的行为模式。现存的行为模式发生重大变化，现有的行为模式完全消失。比如你的女儿平时说话时手势特别多，爱手舞足蹈地表达自己的想法。可是当你问她桌子上的油墨是怎么回事时，她却把双手藏在背后，支吾地回答说她也不清楚。如果你细心的话，你应当发现你的女儿已经改变了她固有的交际行为模式。她说的话很有可能是谎话。比如，一个平时讲话非常流畅的人突然变得结结巴巴，或一个平时喜欢贴近人讲话的人突然拉开了距离；两个人正在谈话聊天，不过对方在回答某个问题时，突然提高了嗓门，上身靠着椅背的轻松姿态也改成正襟危坐，脸上笑容收起，或变成一副皮笑肉不笑的样子；交谈对象在谈话中声音突然变小或变大，语速突然变快或变慢。在排除话题和环境等因素影响的前提下，你基本上可以推断出此人在说谎。与产生了什么变化相比，更重要的在于是否产生了变化。要注意，单一的改变无法透露太多信息，因为个别的行为特征会不断调整。如保持某个姿势过久有点不舒服，于是稍微改变一下姿势；说了好一会儿话有点口渴，去喝点水。因此，对一连串的变化做整体观察便十分重要，这就是所谓的"群集"。出现越多偏离基准线的现象，意味着对方越有可能在说谎。

值得注意的是，多数情况下，言行举止的变化可能并不明显，容易被人忽视。这就要求你在交谈中要特别留意对方的一些细微变化。但是多数人在沟通的过程中，注意力都会放在自己想表达的内容和如何回应对方上。所以，如果你想成为一个识谎高手，你首先要认识到自己在阅读人方面的弱点和盲区，然后通过大量的练习去不断克服这些不足。事实上，世界上优秀的领导人大多是阅读他人的高手，往往具备从不同角度认知世界的能力，他们愿意且有能力改变自己的行为模式，以适应周围环境的变化。对于骗子而言，这也是他们必备的一项重要技能。如果你本身就不善于阅读他人，而又恰巧遇到了一个善于适应环境的职业骗子，那上当受骗往往是必不可免的。因此，一定要注意观察对方，不要把过多的注意力放在自己身上，否则对方的变化你是很难顺利或准确捕捉的。

对于提问引发的焦虑，说谎者通常会在听到问题的第一秒内就泄露真实的反应，所以第一反应至关重要，这可能是唯一可以观察到对方的真实感情和反应的机会。第一反应是有效的，特别适用于在交通指挥台执勤的民警，交警看到司机的时候，最初的印象通常是正确的。所以，你也应特别留心问完问题后对方在 1 秒内的反应，如脸部表情的变化，包括眼睛、眉毛、嘴上的动作，以及身体各部分动作和姿势的变化等。之后，由于说谎者不希望有人能看出自己内在的情绪波动，会试图控制或压抑自己的身体反应，这种有意识的自我调整，并非说谎者的第一反应，通常在说谎者产生防范意识时才会出现。所以一定要注意捕捉一个人的第一反应，再观察后续的反应变化，如果两者之间存在差异就可以判断为谎言信号。如果你没有捕捉到对方的第一反应，可能会被对方的掩盖动作迷惑，从而发觉不了对方的明显变化。

如何诱使我们的交谈对象发生变化呢？你可以在和谐的谈话中融入自己的问题，也可以对你有所怀疑的事情直接发问，一旦在某个犀利的问题上观察到对方的身体变化，那对方就很可能在说谎。有一次，女儿说她没有把作业带回来，需要第二天早上去学校补作业，因为作业本来是要家长批改的，我告诉她说："那你就和同桌对一下答案吧，我没法给你检查了。"第二天中午，女儿放学回来之后，由于担心她有可能会忘掉，我问她作业补好了没有。我在问完之后紧盯着她的眼睛，她的眼睫毛迅速动了几下，迟疑数秒，然后回答做好了。接着立马把话题转移到别的地方去了。在我明显表现出对这个话题很感兴趣的情况下她闭口不提，她行为的变化立马让我觉得其中有什么隐情。果然，在我继续追问下，她坦承作业确实补完了，不过没有按照我的要求和同学对答案，只是自己"代替"我打了个红钩。因为担心我会批评她，所以就瞒下了一部分事实。

我刚才这种做法就是直接提问，突然向对方提出一个问题，看她怎么回应。这样对方需要直面问题，易引发说谎者的行为产生明显变化。不过直接问题的缺点是容易让对方情绪紧张而心生防卫。当一个人听到"你是不是一直都在骗我""这事是你干的吗""你有没有偷着喝酒"这样的问题时，无辜者怕被冤枉，过错者怕暴露，言谈举止上可能表现失常，如果我们因此就认定对方说谎，容易造成误判。还有没有别的选择呢？

不妨用反射性问题来提问。这样做的道理可以简单地理解为：当人们遇到了他所相信的一些事实或细节时，便会产生反应。反射性问题的形式大致是这样：在面对这类提问时，无辜者完全无法从中辨识出任何指涉；相反，过错者立刻就会觉察出其中意有所指，言谈举止随即会发生明显的改变。这种问题使用的范围更广、更灵活，可以在不经意间给真正做了错事的人带来压力。具体的提问策略可以分三种。

策略 1：用暗示代替指控。不直接指控对方，而是针对他可能的行为，提出拐弯抹角、具有暗示性的问题。以下是三个范例。

范例 1：你怀疑某学生考试作弊，问："这次考试对你来说是不是很轻松？"范例 2：你怀疑女友昨晚与人有染，问："昨晚睡得好吗？"范例 3：你怀疑某同事在老板面前编造你的坏话，问："最近有听到什么劲爆的八卦消息吗？"

面对此类提问，对方有无过错会显露于言谈之中，所以要仔细观察他的反应。如果对方压根不清楚你在暗示什么，很轻松随意地回答了你的问题，那么他很可能是清白无辜的。但是，如果他的言谈举止发生明显变化，展开自我防卫，尤其是当你还没有催促他，他就不停地告诉你一些信息时，则表示他明白你意有所指。正是因为事情确实是他做的，他才明白你的暗示具体针对什么。因此，任何类似"你从哪里听来的"或"你为什么这么问"的回答，都表示他与此事确有关联。如果他不觉得你的话有任何暗示作用，他不会想从你身上得到更多信息。他也不会对你的问题感到好奇，除非他认为你可能知道了什么。

为了用好这个策略，你需要注意三点。第一，设定提问方向，让有过失的人怀疑你为什么这么问。如果他是清白的，他不会出现不寻常的反应。第二，你的措辞要让清白的人觉得很单纯，让有过失的人感觉像是指责。第三，你的态度要平和，就事论事，不要张牙舞爪，大摆架势，否则无论对方有无过失，都会加强警惕，有所防卫，引起的变化也会相对剧烈。这样等于背离了我们选择反射性问题的初衷，也意味着这个策略的失败。

策略 2：表示不可思议。运用这个策略，你既可以轻描淡写地引出话题，又可以轻易地洞悉对方是否犯下过失。以之前三个范例为例。

范例 1：你还可以这样说："有人在考试时作弊，却没发觉我一直站在他后面，这是不是有点不可思议？" 范例 2：你这样讲："真令人吃惊！一个人怎么能够一面对恋人不忠，一面又期望纸能包住火呢？" 范例 3：你这样说："在办公室里上演设计陷害，造谣生事的桥段，是不是太令人惊讶了？干这种勾当的人好像以为事情不会传到当事人耳中一样。"

跟策略 1 一样，任何类似"你为什么这样问"或"你从哪里听来的"的回答，都表示对方与此事有关。

策略 3：引述类似的情节。把你怀疑的事情采用类似的情节引导出来。它很管用，既可以把话题打开，又不会让无辜者感觉受到指责。条件反射理论指出，我们一旦受到熟悉事物的刺激，就会做出无意识的举动。这里的刺激意蕴广泛。比如，你怀疑雇佣的保姆有时不遵守规定时间，提早离开你家，那么你可以问她："一周服务 7 个小时对你而言过长吗，好坚持吗？" 如果她确实偷懒，受到刺激，她会做出无意识的反应，比如紧张或短时间僵硬。如果她总是按时下班，面对这样的问题，她可能哈哈一笑，还以为你在关心她。

或者，作为医院的行政主管，你怀疑院内一位医生在值班时段饮酒，那么你可以这样问他："老张，有个事想听听你的建议。是这样的，环城医院的一位同行遇到点麻烦，他觉得手下的一名医生在值班时段喝酒。要是你的话，面对这种情况该怎么处理呀？" 同样，如果张大夫根本没有这样做过，他将乐意给予建议，并因为你向他寻求帮助而感到愉悦；相反，如果他的确在值班时段喝酒，他会显得非常不自在，会觉得你在指桑骂槐，因而变得紧张或恼羞成怒，也有可能会向你保证自己从未做过类似的事情，还有可能会试图讲笑话来化解尴尬。这时你若仔细观察，便不难发现那些偏离正常言谈举止的现象，比如不经意的抽搐、一丝迟疑或者其他突然改变的举止。总之，他会因为某种不自然的反应而露馅。

再有，一位丈夫怀疑妻子有外遇，深思熟虑之后，他在吃饭时漫不经心地跟妻子说："哦，昨天有个人打了三次电话，然后又挂断了。你也遇到过这样的事吗？"正准备往面包上抹果酱的妻子突然明显地颤抖了一下，手中的面包也掉落在地。事后也证明了丈夫的怀疑。

还有一点要提示，在运用基本策略 2 和 3 的时候，你可能会遭遇另外两种回应：一是对方针对那个话题，作一般性的谈论；二是彻底转变话题。一般性谈论，清白的可能性较大；转变话题，犯错的可能性极高。因为愧疚、羞耻犯错者迫不及待地想把话题转开，而清白者不怕谈论这个问题，也不会深究你引出这个话题的原因。

总之，我们可以用多种问法来达到我们刺激对方做出反应的目的。此时，你需要做的就是紧紧盯住对方，观察对方在提问后 1 秒之内最真实的反应，然后判断这种变化的意义，判断对方有没有说谎。

◎ 综合原则

综合原则强调，人类交际行为是言语交际行为和非言语交际行为相互作用的结果，其中每一种行为都是对内部或外界刺激所做出的反应。所以我们在判断一个人是否说谎时也要综合来看。没有任何孤立、个体的行为可以证明一个人是在说谎，你的依据必须综合多方面因素。仅仅因为单一行为特征就断言对方说谎，很容易造成误判。

埃克曼提出了"奥赛罗的错误"，用来形容将单一的外在征兆当作说谎标志的危险。在莎士比亚的悲剧《奥赛罗》中，伊阿古精心策划针对威尼斯将军奥赛罗的阴谋。伊阿古嫉妒奥赛罗忠诚的副官凯西奥，便诱使奥赛罗相信他的妻子苔丝德蒙娜和凯西奥之间有私情，奥赛罗于是下令杀死了凯西奥。从丈夫那里得知这一消息后，苔丝德蒙娜情绪激动，泪水夺眶而出，因为这下子她再也无法洗清自己的冤屈了。然而奥赛罗由于被一种病态的嫉妒所控制，误将她的反应视为两人通奸的明证于是掐死了妻子。在伊阿古的妻子嘶喊着揭发丈夫的阴谋、指出奥赛罗的过错之时，他惊觉过来，追悔莫及，杀死了伊阿古后自杀身亡。

当和他人进行交流的时候，我们每个人都有专属于自己的一整套行为模式，这一点无疑增大了人际交往的复杂度。因为它是个性化的，不是通用的，人与人之间是有区别的。即使是同一个人，在面对不同的交谈对象时，他的行为模式也会发生变化。比如，与我们交谈的可能是单位的领导，可能是自己的父母，也可能是同窗好友，或者是商场的售货员，我们的手势语类型会发生相应的变化。要是我们仅仅从单一行为方式就能判断某人是在撒谎还是在说实话，那么就根本不会有人会试图说谎了，因为他必定会被看穿。

我们已经知道单凭一条线索判断一个人是否诚实是多么草率和武断。正如，埃克曼在《辨别谎言》一书中说的那样：“抓谎者永远不能仅凭一个特征去判断谎言。一定需要许多的特征才能下结论。面目特征必须和其他特征如声音、言辞，身体动作相结合。”如果你笃信某个特定的行为是说谎的征兆，并把全部注意力都集中在这上面，希望对方会表现出这个征兆的话，那么你很可能会失望，因为这种征兆很可能根本不会出现。由于错误地集中了注意力，你很可能忽视掉其他真正重要的能够揭示对方说谎的言语和非言语信号。

电影《谍中谍 5：神秘国度》中，班吉·邓恩的一段测谎情节令人印象深刻。班吉说他不是伊森的朋友，也没有在伊森脱离 CIA 单独行动期间为他提供任何帮助。在班吉为自己辩解期间，电脑屏幕上的生理信号波形图一直非常稳定，没有任何波幅剧烈变化的情况发生。测试班吉的官员向后来的官员点头，示意班吉通过了测谎仪的测试，没有发现班吉任何说谎的证据。当宣布测谎结束时，班吉暗暗松了一口气。这时电影马上给了测谎仪的屏幕一个特写，屏幕上的生理信号波形图出现了一小段短暂却剧烈的波幅变化。电影通过这样的手法表现出班吉内心的剧烈变化，也暗示了班吉其实在前面的测谎过程中撒了谎，并且成功地骗过了测谎的官员。人确实可以像班吉那样骗过测谎仪。比如，努力在说谎时保持冷静，这是外行常采用的办法。还可以伪装你的常态行为，或者说基准线。如果你的身体正常状态从一开始就是伪装的，那么审问员也无法识别你的谎言。后者显然更加好用。最简单的办法包括用脚趾用力扣紧地板或绷紧括约肌等。总之，如果你有意伪装而且伪装得很好，对方期待看到的测谎仪的生理信号波形图的波幅变化是不会出现的，或者就算出现也有可能已经太迟了。同样的道理，在现实生活中，如果对方也是个说谎高手，清楚你希望捕捉到哪些谎言信号，那么在他的有意控制下，你可能永远等不到那个想要的信号，而对一些真正有意义的变化却熟视无睹。也可能对方说谎时，你认为的“眼神回避”“抿紧嘴唇”“吞咽口水”这些谎言信号对方压根就没有，他有的“双臂交叉”“频繁微笑”你却忽略了。

事实上，有些行为确实是偶然发生的，它们随机产生，并不意味任何说谎的企图。任何行为特征都算不上万无一失的判断标准。我们不应该把人类的行为简单化、绝对化。如果你坚持你的标准，那很可能你会错误地认为无辜的被观察对象在说谎。这会严重危害你与他人的关系。切记，千万不要只根据孤立、个别的行为判断对观察对象是否诚实，要记住组合的行为模式要比孤立的、偶发的行为模式重要得多。当两条、三条甚至更多条征兆同时出现，判断一个人说谎的成功率才会提升。总之，我们在判断谎言时，要坚持综合原则，广泛搜集异常信号，只有多种行为特征共同出现才能帮我们确定说谎行为的存在。

◎ 一致性原则

一致性原则表明，对敏感事件前后一致的反应是识别说谎行为的重要标志。通过研究发现，在某一段时间里说谎者总是对于敏感的话题做出持续性的反应。面对这些敏感话题，说谎者会持续不断地表现出某种形式的紧张感或者其他说谎行为的征兆。一旦你能够在与这些敏感话题相关领域之内时常观察到对方的负面反应，你就知道对方在该领域有可能存在欺骗行为。

不要每次都试图寻找被观察者相同的行为模式变化，因为即使是组合出现的行为模式也不见得每次都完全一样。你应该要确认的是每次都有变化，并且变化以组合的模式出现。如果这两点满足了，那就应该延长和对方的交谈，先把谈话从这些关键的敏感话题上转移，然后出其不意地反复回到这些敏感话题，同时密切观察对方的反应。

假设你想为你的孩子寻找一个保姆，自然希望保姆拥有丰富的工作经验，对待孩子很有爱心与耐心，接受过严格专业的培训，拥有良好的品行，并且持有相关的资格证书，等等。当你真正和应聘者见面的时候，你需要对她的工作经验和资格证书等情况有所了解。然而，每当你提到这些问题，这个人就开始变得支支吾吾，并试图回避，同时你还注意到对方的身势语也发生了显著变化。这些组合信号向你暗示这个人非常有可能正在向你隐瞒什么，比如这个人可能根本就没有保姆证，或者夸大自身工作能力与经验。你所需要做的就是沿着这条线索继续问下去，看看到底是什么导致这个人在行为模式上发生了如此巨大的变化。在交谈的过程中，你可以时不时地回过头来重提那些敏感事件或者问题，并且留神观察是否每次其都会产生负面反应。如果每次反应还很一致，那就更值得怀疑。

再比如，有一个犯罪嫌疑人在审讯的过程中逃逸，刑警们立刻展开追捕。他们将目标锁定在这个犯罪嫌疑人的住所，并很快将那里包围。敲开门之后，刑警向犯罪嫌疑人的妻子说明了来意，她立刻显得非常不安。请注意，犯罪嫌疑人的妻子在此时已经出现了明显变化。刑警问："你丈夫有没有回家？"这位女士将自己的手一边放在脖颈处不断轻轻抚摩，一边回答说："没有回来。"这个细微的动作引起了刑警的注意，于是刑警又继续追问："那你知不知道他会去哪儿？"这时，这位女士刚刚放下的手臂又重新举起，将手放在自己的颈窝处回答说："我不知道。"虽然得到的是否定的答案，但通过这种非语言行为，刑警确认这位女士在撒谎。于是立刻申请搜捕令，果然很快就在其家中找到了犯罪嫌疑人。在这个故事中，尤其要注意的就是，疑犯妻子前后一致的反应——抚摩脖子的动作。警察问了她两个问题，她每次回答时都不由自主地去抚摩自己的脖颈。这个动作是常见的安慰动作，处于巨大压力之下时，通过手对脖子的抚摩可以让精神获得放松。所以，这个故事也体现了一致性原则。

◎ 影响原则

影响原则指出，对于被观察者来说，你也是他的外界刺激的一部分，你的某些行为可能会影响到被观察者的行为和反应模式，最终导致你的观察准确度降低。

作为一名观察者，你应该关注观察对象近期的表现，因为被观察者的反应往往源于最近受到的刺激。你的任务就是要确定被观察者为什么会对这个刺激产生反应。要记住，在某种程度上你也是刺激的来源，因此，你的行为也将对你的观察产生影响。

你可能会觉得，要自始至终关注于烦琐的细节非常困难，因为这些细节在很大程度上会受到外界环境的影响，更别提你自己的态度和你本身也会对观察对象造成影响了。那么，你不妨试试集中注意力的办法。首先，在与观察对象进行交流的时候，不管他是你亲密的朋友还是陌生人，你都要集中注意力并保持警惕。绝不要匆匆忙忙地和他交谈，交谈的地点最好要安静，确保不会有什么烦心的事来打扰你们。如果周围一片嘈杂，你会有能力让内心保持足够的镇定，让注意力保持足够的集中吗？前面我们已经说过，在观察时需要投入、仔细，需要抓住对方最真实的反应。因此安静的环境很是重要。就算是事关重大也千万别表现得过于急切，尽量表现得轻松惬意。在谈话时尽量营造平和放松的气氛。这样，你就有着充裕的时间，在不受打扰的情况下更好地观察和分析你所观察的对象。

在交流过程中，你需要记住：你的交流对象也一直在观察和分析你的行为，正如你正在观察和分析他的行为一样。要是我已经和观察对象建立了较为长久、稳固的关系，那么对方肯定也已经对我的常态有了相当深入的了解。这个人对我做出的回应会基于我们过去的关系和交际状况，这一段过往的好坏也将会表现在他对我的反应上。你首先要搞清楚他做出的反应方式是否和你的行为方式密切相关，其次才是关注正在讨论的话题。因为在许多情况下，我们的行动和反应与其说是针对正在讨论的话题还不如说是针对着正在进行交流的对方。被观察者的行为很有可能是看到我们的行为之后才做出的。我们有可能咄咄逼人，也有可能委曲求全，也可能无动于衷，也可能急于求成。根据我们不同的表现，被观察者也会做出不同的反应。举一个极端一点的例子，刑讯逼供致使屈打成招，就是一方对另一方施加了令其难以接受的影响，才导致对方因为崩溃松口承认。总之，我们要尽量保证我们给对方施加的影响是适度、必要的，是能够促进我们获得真相而非干扰我们的观察和交谈。

◎ 交叉验证原则

这条原则强调，做出结论之前，你要复查观察结果，并且反复核实所收集的数据。

在判定一个人是否撒谎时，你首先要批判性地质疑自己观察到的内容。如果在交谈之中，你对于信息的准确性尚存疑虑，那么你最好不要急于下结论。你应当给自己更多的时间仔细考虑这个问题，或者改期与观察对象再次交谈。谈话一结束，你应该立刻记录下你们谈话的内容以及你所观察到的一切。具体从以下几个方面分析：

首先，你对那个人的常态是否已经有了足够的了解？你是否在没有外界压力的情况下用了足够多的时间细致观察这个人的行为模式，并且深入地了解他在正常而没有压力的条件下的反应模式？你是否在那些非敏感性的话题上花费了足够多的时间？这些话题不会给被观察者带来压力感，因此他也就没有必要撒谎。

其次，你能够准确地指出那些以几种方式组合出现的说谎征兆吗？他的行为前后一致吗？要想准确地对说谎行为做出鉴别，你可不能仅依赖感觉，而需要依据对特定行为的观察。这些特定的行为是各种形式的外界刺激引起的，每当这些敏感的相关话题被提及，你都应该在被观察对象的身上观察到这些相应的反应。这些偏离正常行为模式的表现，会以组合的形式出现。如果你能够精确地预测出什么时候这些征兆会出现，准确地观察到这些特定的行为，并且确认观察到的这些征兆是以组合的形式出现，那么你的分析就应当具有相当的准确性。

再次，你的自身举止或者行为是否"感染"了对方的行为？你的偏见会不会妨碍你做出公正的判断？不要忘记，当我们观察别人的时候，对方也在观察着我们。带着偏见进行观察会导致你的分析产生致命的漏洞。如果你像疑邻盗斧中的那个丢斧子的人，一开始就认定眼前的谈话对象就是说谎者，可想而知，你的结论的可信度不会太高。

此外，对方可能担心你不信任他。你是不是生性多疑？你是不是过于严厉？对方敢在你面前说真话吗？有没有别的人可以为你得到的信息提供佐证？最好能够悄无声息，在不伤害双方感情的情况下就能够得到真实的信息，不一定非要当面探查。

最后，有没有可能你竟真的被假象蒙蔽了双眼，相信了骗子的谎言？虽然听起来很奇怪，但事实上有些时候听信谎言的确比面对真相更易于让人接受。可能你不愿意相信这个人正在对你撒谎，因为真实的情况令人失望。真正的考验往往不在于你能否发现真相，而在于你是否能够接受事实。比如希特勒发动二战之前对张伯伦的欺骗，张伯伦甘愿受到误导。希特勒谎称没有战争计划，只要按照他的要求重划捷克斯洛伐克的边界即可。张伯伦不仅相信，而且可以说是一厢情愿地盲信，因为如果他不相信，就等于承认自己的绥靖政策失败并导致英国的利益受损。

总之，你要做好充分准备，细心地交叉验证你的发现，并且在进行分析和做出结论的时候严格地遵循规则办事。如果你不想把关系搞砸的话，千万别粗心大意。你必须保证你的出发点是公正的。你要在脑海中回顾你走过的每一步，提防遗漏任何的东西。如果你不慎把对别人的怀疑表现给了对方，要想收回指控而又不损害你们之间的关系可不是一件容易的事。要是你不得不冒险的话，那么你的举动尽量不要危害到诚实的那一方。你应该谨慎地行事，并过一段时间再进一步了解对方，以此降低你做出错误判断的风险。